SANTO DE CASA...
Home Saint...

```
Dados Internacionais de Catalogação na Publicação (CIP)
     (Câmara Brasileira do Livro, SP, Brasil)

Nun972     Nunes, Emilson
              Santo de casa: dobrando com devoção / Emilson Nunes,
           Marcio Jorge Galvão, Vera Young. - 1.Ed. - Rio de
           Janeiro : Vera Lucia Young Lobo Marques Pinto, 2014.
              104p. : il. ; 25x17cm

           ISBN 978-85-917100-0-3 (broc.)


           1. Origami. 2. Arte. 3. Dobraduras.
           I. Galvão, Marcio Jorge. II. Young, Vera. III. Título.

                                           CDD-736.982
```

Emilson Nunes
Marcio Jorge Galvão
Vera Young

Santo de Casa,
dobrando com devoção...

Home Saint,
folding with devotion...

SANTO DE CASA, dobrando com devoção...
Copyright @ 2014 by Emilson Nunes, Marcio Jorge Galvão e
Vera Lucia Young Lobo Marques Pinto.
O conteúdo desta obra é de responsabilidade
dos autores proprietários do Direito Autoral.
Proibida a venda e reprodução parcial ou total sem autorização.

HOME SAINT - folding with devotion...
Copyright @ 2014 by Emilson Nunes dos Santos, Marcio Jorge
Galvão and Vera Lucia Young Lobo Marques Pinto.
All rights reserved. No part of this publication may be reproduced
or transmitted in any form or by any means, electronic or
mechanical, including photocopy, recording or any information
storage and retrieval system, without prior
permission in writing from the publisher.

DOBRAS – Conceição Barros, Emilson Nunes, Flaviane Koti, Irene Bulcão, Marcio Jorge Galvão e Vera Young.
DIAGRAMAS – Vera Young.
PROGRAMAÇÃO VISUAL – Flaviane Koti e Vera Young.
FOTOGRAFIA – Flaviane Koti, em Armação dos Búzios, Barra de São João, Lumiar e São Pedro da Serra / RJ / Brasil.
ANÁLISE e REVISÃO dos DIAGRAMAS – Conceição Barros.
CONSULTORIA - Gisele Rego (versão para o inglês).
COLABORAÇÃO ESPECIAL - Ana Cristina Magalhães
e Patrícia da Silva Alexandre.

FOLDING – Conceição Barros, Emilson Nunes, Flaviane Koti, Irene Bulcão, Marcio Jorge Galvão, Vera Young.
DIAGRAMS – Vera Young.
VISUAL PROGRAMING - Flaviane Koti e Vera Young.
PHOTOGRAPHY – Flaviane Koti, em Armação dos Búzios, Barra de S. João, Lumiar e S. Pedro da Serra - RJ/Brasil.
DIAGRAMS ANALYSIS and REVIEW – Conceição Barros.
English Version CONSULTANT - Gisele Rego.
SPECIAL CONTRIBUTION - Ana Cristina Magalhães
e Patrícia da Silva Alexandre.

Projeto Gráfico e Editoração / *Graphic Designing and Publishing*

www.coisasdepapel.com.br
terapiadopapel.blogspot.com.br

UM SONHO SONHADO JUNTO...
... É REALIDADE!

O papel é constante na minha trajetória. Conhecimento, Expressão, Descobrimentos, Experimentações... Papéis e Dobras me trouxeram possibilidades de recriar a Fé e a Devoção.

Uma Galeria de possibilidades – SANTO DE CASA – da devoção de cada um, da emoção de cada um, lembranças, oratórios, relicários, altares domésticos...

Reza, Novenas, Ladainhas... Testemunhos de um povo, de um tempo e da fé.

Um SONHO, dividido com Vera e Marcio, tornando-se realidade graças à adesão de Flaviane, Conceição, Tânia e tantas outras pessoas que, com seus santos e devoções, dobram conosco um caminho de COMUNHÃO e AMIZADE!...

Emilson

DO "PLIM-PLIM"... AO "ORIGAMIBUS"

Comecei a dobrar com oito anos, assistindo ao programa "Plim-Plim - o Mágico do Papel", no tempo em que a televisão era "em preto e branco", era ao vivo e abria espaço para a Educação... Nunca mais parei!

Trabalho com Arte-Educação, tenho muitos alunos, dentro e fora da escola... O origami está em tudo que faço – nas escolas, nas filas, em oficinas, no bar... Nos deliciosos sábados em que encontro amigos especiais dos grupos de origami!

Para mim, dobrar é apaixonante, dobro com qualquer papel, em qualquer lugar... Dobro até no ônibus, nas idas e vindas para o trabalho... E vou "largando" pelo caminho os meus "origamibus"! As viagens acabam virando "puro prazer"!

Conheci Emilson e Vera nos Encontros de Origami daqui de Niterói e de São Gonçalo. Entre risos, brincadeiras, respeito, admiração mútuos e muita "contação de história" (sem falar nas briguinhas...), nasceu e vem se fortalecendo uma boa amizade e uma promissora parceria.

Para falar a verdade, nunca pensei que um dia escreveria um "prefácio" para um livro! Participar desse livro como autor é, sem dúvida, uma inesperada (e desejada) realização... Além de orgulho, sinto que estou apenas começando a trilhar novos caminhos no sentido de representar as crenças e as manifestações populares, compartilhando dicas, truques e ideias!

Só para completar, quem se assusta com o jeito da Vera, não tem ideia da sua generosidade e de seu senso de humor! Eu encarei a "fera" e... Só tive belas surpresas e um bom aprendizado!

Valeu, Vera e Emilson! Valeu, Conceição e Flaviane!

Marcio

PORQUE UMA ANDORINHA SÓ NÃO FAZ VERÃO...

Aprender a diagramar foi uma necessidade que nasceu da vontade de compartilhar nosso jeito de representar o mundo com dobras, cores e imaginação!

Numa fascinante "viagem" pelo universo das dobraduras, começamos a trabalhar no livro... Ideias e pessoas foram se multiplicando... Logo, logo, Marcio começou a participar de nossas reuniões de criação...

E no processo de trocas, descobertas, brincadeiras e, por que não dizer, de acaloradas discussões, surgiu a ideia de construir um "Livro em Aberto", feito para se "desdobrar" pelo mundo a fora!

Este Livro, na verdade, é um desafio, um "quebra-cabeças", um convite para dobrar, arriscar, brincar... Meditando... Sempre com muita alegria!

Para completar, numa inesperada surpresa, Flaviane Koti "ambientou" nosso trabalho com fotos cheias de poesia e delicadeza! E Conceição Barros analisou e revisou os diagramas com sua já conhecida competência...

Diagramar este Livro foi uma honra e um prazer! Obrigada, Emilson, pela oportunidade e pela confiança. Obrigada, Marcio, pela parceria e pelo companheirismo. Obrigada, Conceição e Flaviane pelo incondicional apoio de sempre!

Vera

Agradecimentos

DEUS, em tudo e em todo os nomes... a FÉ.
NOSSOS ANTEPASSADOS, legado, exemplo, orientação e força.
GRUPOS de ORIGAMI, acolhida e troca.
FAMILIARES e AMIGOS, presença, apoio e paciência!

Thanks to:

GOD...
OUR ANCESTORS...
ORIGAMI GROUPS...
FAMILY and FRIENDS...

Quem somos... / *Who we are*

EMILSON NUNES – Animador Cultural/*Cultural Promoter*,
Arte-Educador/*Arts Teacher*,
Artista Plástico / /*Plastic Artist*,
Artesão /*Handicraftsman*.

MARCIO JORGE GALVÃO – Animador Cultural/*Cultural Promoter*,
Arte-Educador/*Arts Teacher*,
Artista Plástico/*Plastic Artist*,
Artesão / *Handicraftsman*.

VERA YOUNG – Educadora/*Teacher* - Designer,
Historiadora/*Historian*,
Aquarelista/*Watercolor Painter*,
Artesã/*Handicraftswoman*,
Blogueira / *Blogger*.

SÍMBOLOS - para entender melhor os diagramas...
SYMBOLS - to understand the diagrams better...

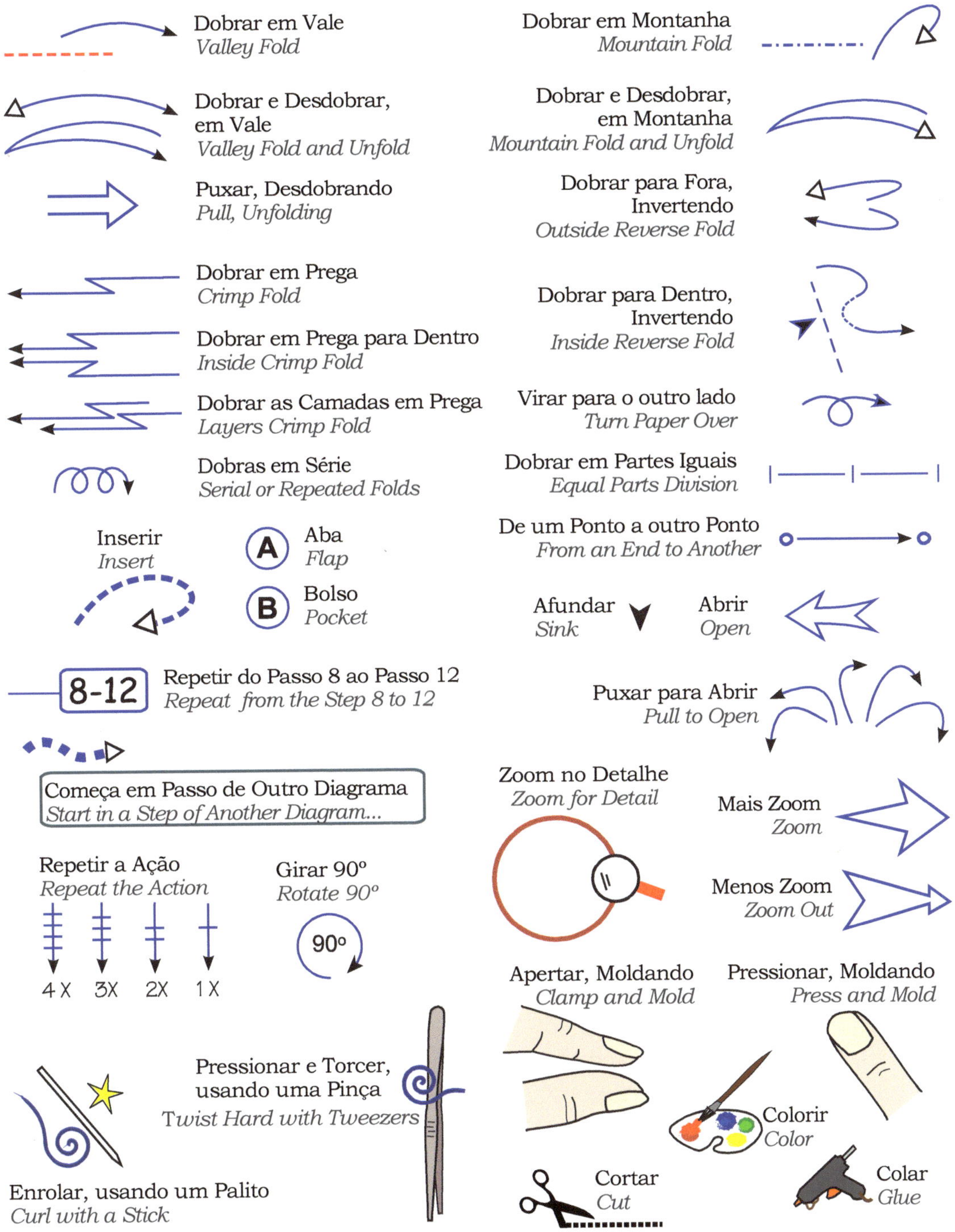

→	Dobrar em Vale	Valley Fold
⇢	Dobrar em Montanha	Mountain Fold
⌒	Dobrar e Desdobrar, em Vale	Valley Fold and Unfold
⌒	Dobrar e Desdobrar, em Montanha	Mountain Fold and Unfold
⇒	Puxar, Desdobrando	Pull, Unfolding
↶	Dobrar para Fora, Invertendo	Outside Reverse Fold
⟵⟋⟍	Dobrar em Prega	Crimp Fold
↶	Dobrar para Dentro, Invertendo	Inside Reverse Fold
⟵⟋⟍	Dobrar em Prega para Dentro	Inside Crimp Fold
⟲	Virar para o outro lado	Turn Paper Over
⟵⟋⟍	Dobrar as Camadas em Prega	Layers Crimp Fold
⟲	Dobras em Série	Serial or Repeated Folds
├─┼─┤	Dobrar em Partes Iguais	Equal Parts Division
⊲⋯	Inserir	Insert
○⟶○	De um Ponto a outro Ponto	From an End to Another
Ⓐ	Aba	Flap
▼	Afundar	Sink
Ⓑ	Bolso	Pocket
⟵	Abrir	Open
8-12	Repetir do Passo 8 ao Passo 12	Repeat from the Step 8 to 12
↟	Puxar para Abrir	Pull to Open
⇢	Começa em Passo de Outro Diagrama	Start in a Step of Another Diagram...
○	Zoom no Detalhe	Zoom for Detail
↧ 4X 3X 2X 1X	Repetir a Ação	Repeat the Action
⟹	Mais Zoom	Zoom
90°	Girar 90°	Rotate 90°
⟹	Menos Zoom	Zoom Out
✦	Enrolar, usando um Palito	Curl with a Stick
🖐	Apertar, Moldando	Clamp and Mold
👆	Pressionar, Moldando	Press and Mold
⚒	Pressionar e Torcer, usando uma Pinça	Twist Hard with Tweezers
🎨	Colorir	Color
✂	Cortar	Cut
🔫	Colar	Glue

Criado por...
Created by...

E AS DOBRAS SE DESDOBRAM...

O Livro "SANTO DE CASA, dobrando com devoção..." é um "Livro em Aberto", organizado em Quatro Capítulos:

Capítulo 1 - "SANTOS e SANTAS"

Emilson, Marcio e Vera - combinando "Peças Básicas" do Capítulo 2 com "Acessórios" do Capítulo 3 - apresentam alguns dos Santos mais populares do Brasil. Acompanha cada Santo uma Tabela Técnica com os dados para sua execução.

Capítulo 2 - "PEÇAS BÁSICAS"

Peças do Vestuário e Partes do Corpo.

Capítulo 3 - "ACESSÓRIOS"

Flores, Animais e Adornos.

Capítulo 4 - "OUTROS SANTOS..."

Ah! Esse capítulo é um espaço para o registro das experiências e descobertas dos amigos dobradores... É só escolher e juntar as peças dos Capítulos 2 e 3 para montar Santos ou Cenas de sua escolha!

Conceição Barros, Flaviane Koti e Irene Bulcão já "embarcaram nessa aventura" e o resultado está aqui nessa "abençoada galeria"...

Da página 94 à 99, você vai encontrar Tabelas em branco para fazer suas anotações, colar fotos ou desenhar croquis... E a partir da página 100 estão os "Santos para Colorir" - para um "Estudo de Cores" antes das dobras...

O convite para dobrar e brincar, meditando... está feito!

Não deixem de compartilhar com a gente...

AND THE FOLDS UNFOLD THEMSELVES ...
TO NEW FOLDS.

The Book "HOME SAINT, folding with devotion..." is an "Open Book", organized in Four Chapters:

Chapter 1 - "SAINTS"

Emilson, Marcio and Vera, combining the "Basic Pieces" from Chapter 2 with the "Accessories" from Chapter 3, introduce some of the most popular Saints in Brazil. Each Saint is followed by a Chart with technical information for its execution.

Chapter 2 - "BASIC PIECES"

Pieces of Clothes and Body Parts.

Chapter 3 - "ACCESSORIES"

Flowers, Animals and Ornaments.

Chapter 4 - "OTHER SAINTS..."

Oh! This chapter is a space for the recording of the fellow folders´ experiences and findings... It´s just to choose and to combine the pieces of the Chapters 2 and 3 in order to make Other Saints or Scenes!

Conceição Barros, Flaviane Koti and Irene Bulcão have already "gone on this adventure" and the result is here in this "blessed gallery"...

From page 94 to 99, there are Charts in blank for you to take notes and illustrate... From page 100 you can find "Saints for Coloring" - for choosing colors before folding...

The invitation for folding and playing with devotion... is ready!

Make sure you share your work with us!

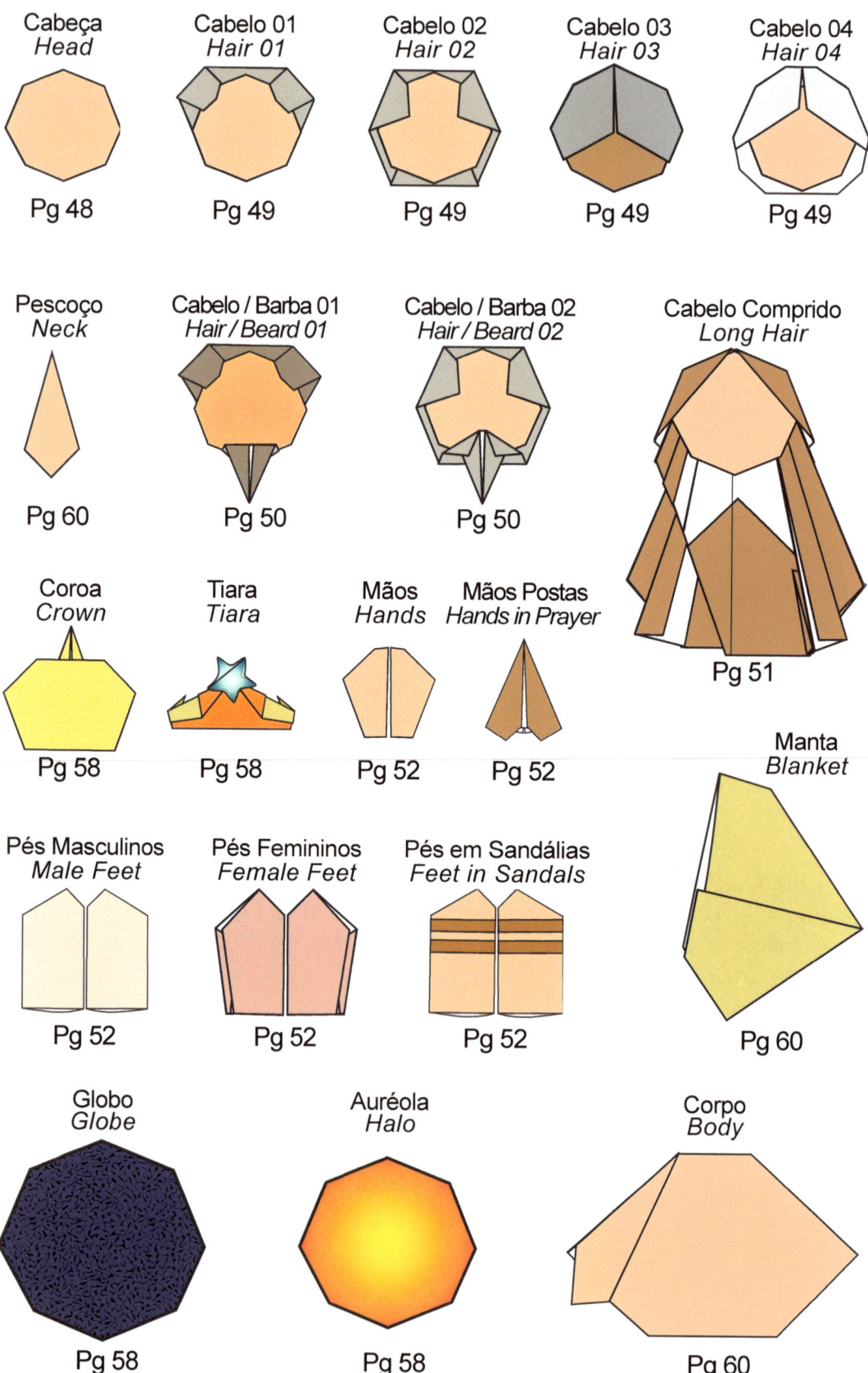

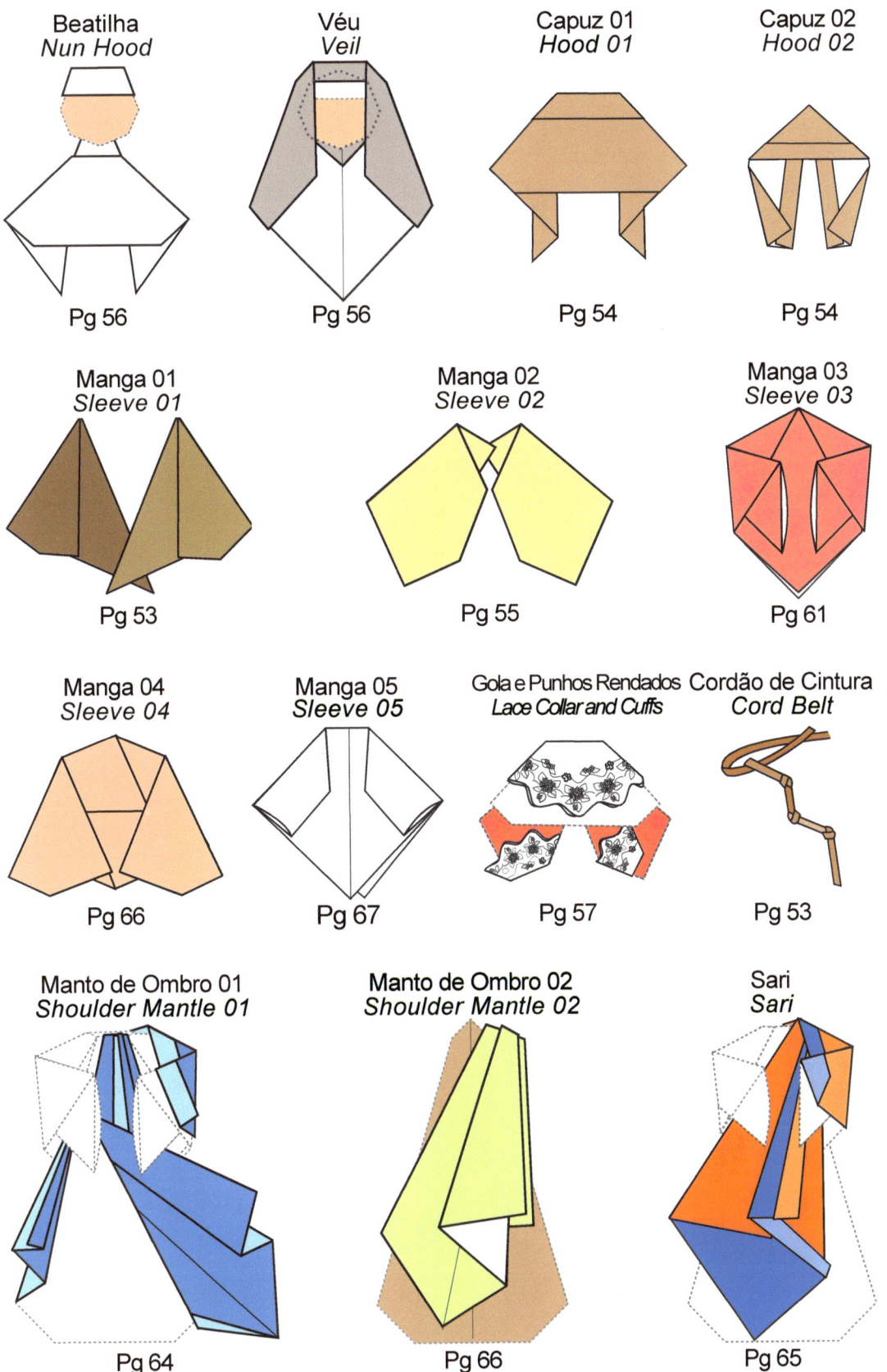

CAPÍTULO 1
SANTOS E SANTAS

SANTO ANTÔNIO – pg 18
SÃO FRANCISCO – pg 19
SÃO BENEDITO – pg 22
SÃO LONGUINHO – pg 23
SANTA CLARA – pg 24
NOSSA SENHORA APARECIDA – pg 25
SANTA EFIGÊNIA – pg 30
SANTA TEREZINHA – pg 31
MENINO JESUS de PRAGA – pg 32
NOSSA SENHORA DAS GRAÇAS – pg 33
SÃO JOÃO – pg 36
SÃO PEDRO – pg 37
NOSSA SENHORA da CONCEIÇÃO – pg 38
SANTA SARA – pg 39
NOSSA SENHORA da GLÓRIA – pg 42
SANTA EDWIGES – pg 43
SÃO JOSÉ – pg 44
A ROSA e a CRUZ de Santa Terezinha – pg 45

CAPÍTULO 1 - *CHAPTER 1*

SANTO ANTÔNIO

Dia 13 de Junho

"Matrimônio, matrimônio, isso é lá com Santo Antônio..."

Conta-se que um dia faltou pão no convento... O cozinheiro, desesperado, correu até Antônio, o guardião do lugar. Que mandou que ele procurasse nos cestos... lá encontraria!

Daí a tradição do "Pão de Santo Antônio" que, simbolizando a fartura, é distribuído nas Igrejas...

Na véspera de seu dia, as pessoas interessadas nas "coisas do amor", costumam fazer "simpatias"!...

É o "SANTO CASAMENTEIRO", que protege e preserva o amor...

↕ 12 cm
↕ 22,5 cm

* sem a Flor
* *whithout Flower*

Sto ANTÔNIO / *St. Anthony*

PEÇAS / *PARTS*	(cm)	Pg
Hábito 01 / *Habit 01*	15 x 15	53
Mangas 01 / *Sleeves 01*	15 x 15	53
Capuz 01 / *Sleeves 01*	15 x 15	54
Cabeça / *Head*	7,5 x 7,5	48
Cabelo 01 / *Hair 01*	7,5 x 7,5	49
Mãos / *Hands*	3,75 x 3,75	52
Auréola / *Halo*	10 x 10	58
Cordão da Cintura / *Cord Belt*	15 x 1	53
Livro / *Book*	A7 = 10,5 x 7,4	79
Açucena/Flor - *Lilly Flower*	3,75 x 3,75	79
Açucena/Folha - *Lilly Leaf*	3,75 x 3,75	79
Menino Jesus/Roupa - *Jesus Baby/Clothes*	7,5 x 7,5	59
Menino Jesus/Cabeça - *Jesus Baby/Head*	3,75 x 3,75	48
Menino Jesus/Mãos - *Jesus Baby/Hands*	1,875 x 1,875	52
Menino Jesus/Auréola - *Jesus Baby/Halo*	5 x 5	58

Santos & Santas / *Saints*

SÃO FRANCISCO

Dia 4 de Outubro
Dia Mundial dos Animais

"Senhor, fazei de mim o instrumento de vossa paz..."

O "Pobrezinho de Assis" foi uma pessoa da paz e do bem, terno e amoroso... Amava os animais, as plantas, toda a natureza!

Poeta, cantava o Sol...
a Lua...
e as Estrelas!

Sua alegria, sua simplicidade e sua ternura fizeram dele um dos santos mais populares em nossos dias.

É o "SANTO PADROEIRO dos ECOLOGISTAS"!

S. FRANCISCO / *St. Francis*		
PEÇAS / *PARTS*	(cm)	Pg
Hábito 01 / *Habit 01*	15 x 15	53
Mangas 01 / *Sleeves 01*	15 x 15	53
Capuz 01 / *Sleeves 01*	15 x 15	54
Cabeça / *Head*	7,5 x 7,5	48
Cabelo e Barba 01 ou 02 / *Hair and Beard 01 or 02*	7,5 x 7,5	50
Mãos / *Hands*	3,75 x 3,75	52
Auréola / *Halo*	10 x 10	58
Cordão da Cintura / *Cord Belt*	15 x 1	53
Pés masculinos / *Male Feet*	3,75 x 3,75	50
Pássaros / *Birds*	7,5 x 7,5	71
Cachorro / *Dog*	15 x 15	68
Lobo / *Wolf*	15 x 15	69

12 cm
22,5 cm

* sem o Cachorro e Pássaros
* *whithout Dog and Birds*

CAPÍTULO 1 - *CHAPTER 1*
Quando tudo começou...

A "Bandeira de Sto Antônio", que Emilson fez para a Jornada do DoBras, em 2011, no Rio de Janeiro...

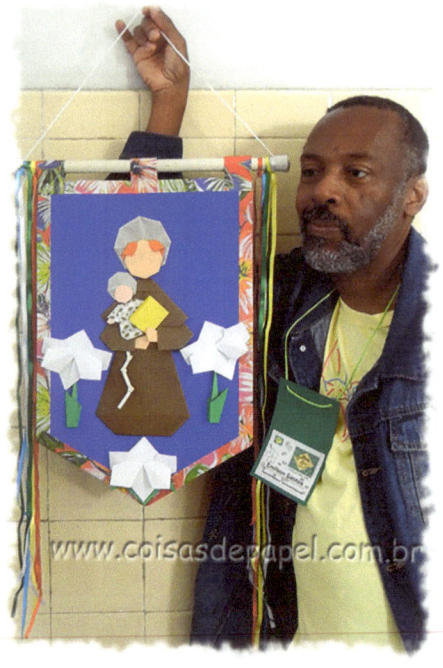

Marcio dobrou uma "Bandeira de Sto Antônio", para agradecer uma graça alcançada, em 2012!

S. FRANCISCO foi o tema de um "Encontrinho", lá em São Paulo...

Verônica Pilares, Miyoko Takahashi, Hideo Kumayana, Toshiko Hama, Yone Maruyama, Vera Young, Solange Sanches, Sônia Minematsu e Eva Duarte, num clima de alegria e cooperação... E Sayuri Komoto, que fez a foto.

Santos & Santas / *Saints*

Mais tarde, a partir de 2013...

São Longuinho em ação,
 "procura coisas perdidas", em Lumiar...

... e São Benedito "protege uma cozinha",
em Búzios!

CAPÍTULO 1 - *CHAPTER 1*

SÃO BENEDITO

Dia 5 de Outubro

Benedito,
Bendito Santo Mouro da Sicília,
Bendito nas Congadas de Minas,
... presença nas Bandeiras,
junto de N. Sra do Rosário!

Seu primeiro trabalho foi como cozinheiro. E a cozinha, seu Santuário de Oração... Sua imagem é presença em muitas cozinhas brasileiras!

É o SANTO de DEVOÇÃO dos COZINHEIROS!

↕ 12,5 cm
↕ 25 cm

S. BENEDITO / *St. Benedict*		
PEÇAS / *PARTS*	(cm)	Pg
Hábito 01 / *Habit 01*	15 x 15	53
Mangas 04 / *Sleeves 04*	15 x 15	66
Cabeça / *Head*	7,5 x 7,5	48
Pescoço / *Neck*	3,75 x 3,75	60
Cabelo 01 / *Hair 01*	7,5 x 7,5	49
Mãos / *Hands*	3,75 x 3,75	52
Auréola / *Halo*	10 x 10	58
Cordão da Cintura / *Cord Belt*	15 x 1	53
Menino Jesus/Roupa - *Jesus Baby/Clothes*	7,5 x 7,5	59
Menino Jesus/Cabeça - *Jesus Baby/Head*	3,75 x 3,75	48
Menino Jesus/Mãos - *Jesus Baby/Hands*	1,875 x 1,875	52
Menino Jesus/Auréola - *Jesus Baby/Halo*	5 X 5	58

Manta - Guardanapo de Papel Rendado Redondo - 12 x 12 cm
Mantle - Rounded Lace Paper Napkin - 12 x 12 cm

Santos & Santas / *Saints*

SÃO LONGUINHO

Dia 15 de Março

O SANTO das "COISAS PERDIDAS"

Essa crença parece ter surgido no Brasil... não se sabe bem a origem.

Conta-se que Longuinho foi um dos soldados presentes na Crucificação de Jesus... Arrependido, tornou-se mais tarde um monge...No Brasil, é representado como um frei, em lugar do tradicional soldado romano.

São Longuinho, São Longuinho, se achar (....................), dou três pulinhos."...

PRONTO... a coisa perdida aparece!

(Mas não se esqueça de dar os três pulinhos...)

S. LONGUINHO		
PEÇAS / *PARTS*	(cm)	Pg
Hábito 01 / *Habit 01*	15 x 15	53
Mangas 01 / *Sleeves 01*	15 x 15	53
Capuz 01 / *Hood 01*	15 x 15	54
Capuz 02 / *Hood 02*	15 x 7,5	54
Cabeça / *Head*	7,5 x 7,5	48
Cabelo e Barba 01/ *Hair and Beard 01*	7,5 x 7,5	50
Mãos / *Hands*	3,75 x 3,75	52
Auréola / *Halo*	12 x 12	58
Cordão da Cintura / *Cord Belt*	15 x 1	53
Embornal / *Bag*	15 x 15	78
Lanterna / *Lantern*	7,5 x 7,5	78

13,5 cm
22,5 cm

Nunes, Galvão e Young

CAPÍTULO 1 - *CHAPTER 1*

SANTA CLARA

Dia 11 de Agosto

*"Santa Clara clareou,
São Domingos alumiou,
Vai chuva, vem sol..."*

Santa Clara, na tradição portuguesa, pode "trazer bom tempo", numa associação de seu nome com o "poder de clarear"!

Já no fim de sua vida, não podendo ir a uma celebração de Natal, surpreendeu suas irmãs contando para elas tudo o que por lá tinha acontecido: de seu quarto, como se fosse numa grande tela, tinha assistido a toda a cerimônia!

É PADROEIRA da TELEVISÃO e das COMUNICAÇÕES.

11 cm ↔
25 cm ↕

* sem as Flores
* *whithout Flowers*

Sta CLARA / *St. Claire*		
PEÇAS / *PARTS*	(cm)	Pg
Hábito 02 / *Habit 02*	15 x 15	55
Mangas 02 / *Sleeves 02*	15 x 15	55
Beatilha (Gola) / *Nun Hood (Collar)*	12 x 12	56
Beatilha (Pescoço) / *Nun Hood (Neck)*	3,75 x 3,75	56
Beatilha (Testa) / *Nun Hood (Forehead)*	3,75 x 7,5	56
Véu / *Veil*	15 x 15	56
Cabeça / *Head*	7,5 x 7,5	48
Mãos / *Hands*	3,75 x 3,75	52
Auréola / *Halo*	10 x 10	58
Auréola / *Halo*	12 x 12	58
Açucena/Flor - *Lilly Flower*	3,75 x 3,75	79
Açucena/Folha - *Lilly Leaf*	3,75 x 3,75	79
Ostensório (Sup.) / *Ostensor (Top)*	3,75 x 3,75	83
Ostensório (Inf.) / *Ostensor (Bottom)*	3,75 x 3,75	83
Ostensório (Hóstia) / *Ostensor (Communion Waffer)*	3,75 x 3,75	83

Santos & Santas / *Saints*

N. SENHORA APARECIDA
Dia 12 de Outubro

"Sou caipira, Pirapora, Nossa Senhora de Aparecida, ilumina a mina escura e funda o trem da minha vida!..."
("Romaria", de João Mineiro e Marciano)

A imagem de Nossa Senhora da Imaculada Conceição, "aparecida" numa rede de pescadores no Rio Paraíba, trouxe uma boa e farta pescaria...Acredita-se num milagre!

Para agradecer, os pescadores construíram um Oratório, que se transformou numa Capela...

Peregrinos foram surgindo, em número cada vez maior, levando à criação da Cidade de Aparecida e, mais tarde, à construção do maior Santuário Mariano do mundo!

VIVA Nossa Senhora Aparecida, a PADROEIRA do BRASIL!

N. Sra APARECIDA

PEÇAS / *PARTS*	(cm)	Pg
Túnica / *Tunic*	15 x 15	61
Mangas 03 / *Sleeves 03*	15 x 15	61
Cabeça / *Head*	7,5 x 7,5	48
Mãos / *Hands*	3,75 x 3,75	52
Coroa / *Crown*	7,5 x 7,5	58
Manto 01 / *Cloak 01*	18 x 18	61
Tsubaki	7,5 x 7,5	82
Folhas / *Leaves*	3,75 x 3,75	79
Auréola LIVRE / *FREE Halo.*		

16 cm
22,5 cm

CAPÍTULO 1 - *CHAPTER 1*

"Nossa Senhora APARECIDA, dobrada por muitas mãos, de várias partes do mundo..."

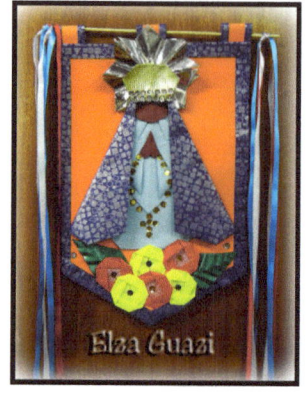
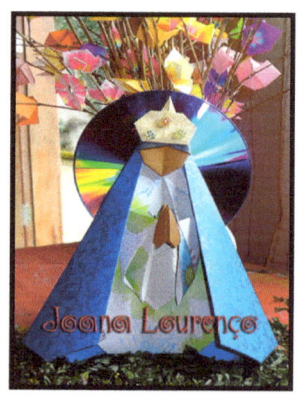

Santos & Santas / *Saints*

A Nossa Sra Aparecida, apresentada por Emilson Nunes na Jornada do DoBras, em 08 de outubro de 2011 (no Rio de Janeiro) foi, logo em seguida, publicada no site "Coisas de Papel".
Pessoas de perto e de longe começaram a dobrá-la...

A "Padroeira do Brasil" correu mundo!
E uma parte dessa "peregrinação" está aqui...

Este álbum foi publicado, em 2011, no Facebook.

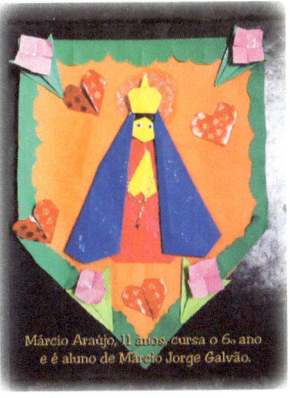

CAPÍTULO 1 - *CHAPTER 1*

Santa Clara, "clareando" a Serra, em Lumiar...

Santa Efigênia,
zela pelas casas, em Búzios,
à beira-mar...

28   SANTO de CASA – dobrando com devoção...

Santos & Santas / *Saints*

Santa Terezinha...
as ROSAS,
seu CRUCIFIXO!

CAPÍTULO 1 - *CHAPTER 1*

SANTA EFIGÊNIA

Dia 21 de Setembro

A primeira santa africana está presente nas Irmandades Negras, com São Benedito e N. Sra do Rosário.

É DEFENSORA dos OPRIMIDOS e ESCRAVIZADOS.

Condenada à fogueira, foi salva por um anjo! Mais tarde, livrou de um incêndio o Mosteiro em que morava, ao invocar o nome de Jesus!

Santa Efigênia é chamada para "proteger contra incêndios" e para "conseguir a casa própria"!

É a PADROEIRA dos MILITARES!

↔ 12 cm
↕ 25,5 cm

Sta EFIGÊNIA / St. Iphigene		
PEÇAS / *PARTS*	(cm)	Pg
Hábito 02 / *Habit 02*	15 x 15	55
Mangas 02 / *Sleeves 02*	15 x 15	55
Beatilha (Gola) / *Nun Hood (Collar)*	12 x 12	56
Beatilha (Pescoço) / *Nun Hood (Neck)*	3,75 x 3,75	56
Beatilha (Testa) / *Nun Hood (Forehead)*	3,75 x 7,5	56
Véu / *Veil*	15 x 15	56
Cabeça / *Head*	7,5 x 7,5	48
Mãos / *Hands*	3,75 x 3,75	52
Auréola / *Halo*	12 x 12	58
Manto 02 (Lateral) *Cloak 02 (Side)*	12 x 12	62
Manto 03 (Parte 3) *Cloak 03 (Part 3)*	15 x 15	63
Igreja / *Church*	7,5 x 7,5	84
Auréola 02 / *Halo 02*	7,5 x 7,5	74
Coroa / *Crown*	7,5 x 7,5	58

Santos & Santas / *Saints*

Sta TEREZINHA do Menino Jesus
Dia 1 de Outubro

Gostava da natureza e das coisas simples! Gostava muito das flores, especialmente das rosas...

Costumava cobrir com Rosas o seu Crucifixo, sempre com carinho e cuidado ...

Anunciou que, depois de sua morte, derramaria uma "Chuva de Rosas"...

Santa Terezinha, derramai uma chuva de graças sobre a Terra!

Sta TEREZINHA / *St. Therese*

PEÇAS / *PARTS*	(cm)	Pg
Hábito 02 / *Habit 02*	15 x 15	55
Mangas 02 / *Sleeves 02*	15 x 15	55
Beatilha (Gola) / *Nun Hood (Collar)*	12 x 12	56
Beatilha (Pescoço) / *Nun Hood (Neck)*	3,75 x 3,75	56
Beatilha (Testa) / *Nun Hood (Forehead)*	3,75 x 7,5	56
Véu / *Veil*	15 x 15	56
Cabeça / *Head*	7,5 x 7,5	48
Mãos / *Hands*	3,75 x 3,75	52
Auréola / *Halo*	12 x 12	58
Manto 03 (Parte 1) *Cloak 03 (Part 1)*	15 x 15	63
Manto 03 (Parte 2) *Cloak 03 (Part 2)*	12 x 12	63
Manto 03 (Parte 3) *Cloak 03 (Part 3)*	15 x 15	63
Crucifixo / *Crucifix*	30 x 1	75
Rosa p/ Sta Terezinha / *Rose for St. Therese*	5 x 5	80

↔ 16,5 cm
↕ 23,5 cm

CAPÍTULO 1 - *CHAPTER 1*

MENINO JESUS DE PRAGA

Dia 25 de Dezembro

Sua devoção surgiu em Belém,
na Manjedoura, com os Anjos,
Maria, José, os Pastores
e os Reis Magos...

Continuou com os Santos, através dos séculos... E se espalhou pelo mundo, como o Menino Jesus de Praga.

Suas roupas suntuosas e ricamente bordadas são oferecidas pelos devotos e trocadas de acordo com a época.

Assim, na Páscoa, a cor branca;
no Natal, a vermelha;
o lilás, na Quaresma...

É o PADROEIRO dos MENINOS!

MENINO JESUS de PRAGA
Infant Jesus of Prague

PEÇAS / *PARTS*	(cm)	Pg
Túnica Drapeada / *Drapped Tunic*	15 x 15	67
Mangas 02 / *Sleeves 02*	15 x 15	55
Gola / *Collar*	15 x 15	56
Manto 02 (Parte 1) *Cloak 01 (Part 1)*	15 x 15	62
Manto 02 (Lateral) *Cloak 01 (Side)*	12 x 12	62
Cabeça / *Head*	7,5 x 7,5	48
Pescoço / *Neck*	3,75 x 3,75	60
Cabelo 04 / *Hair 04*	7,5 x 7,5	49
Mãos / *Hands*	3,75 x 3,75	52
Coroa / *Crown*	10 x 10	58
Cruz de Malta / *Maltese Cross*	12 x 12	77
Globo / *Globe*	7,5 x 7,5	58
Anjo (Asa) / *Angel (Wing)*	7,5 x 7,5	48
Anjo (Cabeça) / *Angel (Head)*	5 x 5	48

16 cm
26 cm

Gola e Punhos Rendados - Guardanapo de Papel Rendado Redondo
Lace Colar and Cuff - Rounded Lace Paper Napkin - diam.8 cm

Santos & Santas / *Saints*

N. SENHORA DAS GRAÇAS

Dia 27 de Novembro

Nossa Senhora das Graças, também conhecida como N. Sra da Medalha Milagrosa ou N. Sra Medianeira de Todas as Graças...

Conta-se que, ao "aparecer" para Catarina Labouré, pediu que ela mandasse cunhar e distribuir uma Medalha...

... todos que usassem essa Medalha receberiam Graças, especialmente aqueles que a usassem com FÉ!

Nossa Senhora das Graças, Rogai por Nós!

N. Sra das GRAÇAS
Our Lady of Grace

PEÇAS / *PARTS*	(cm)	Pg
Túnica Drapeada / *Drapped Tunic*	15 x 15	67
Mangas 02 / *Sleeves 02*	15 x 15	55
Manto 02 (Parte 1) *Cloak 02 (Part 1)*	15 x 15	62
Manto 02 (Parte 2) *Cloak 02 (Part 2)*	15 x 15	62
Manto 02 (Raios de Luz) / *Cloak 02 (Beam Light)*	12 x 12	62
Cabeça / *Head*	7,5 x 7,5	48
Pescoço / *Neck*	3,75 x 3,75	60
Cabelo 04 / *Hair 04*	7,5 x 7,5	49
Mãos / *Hands*	3,75 x 3,75	52
Véu / *Veil*	15 x 15	56
Pés Femininos / *Female Feet*	3,75 x 3,75	52
Globo / *Globe*	12 x 12	58
Serpente / Snake	5 x 5	72

↔ 17 cm
↕ 28 cm

CAPÍTULO 1 - *CHAPTER 1*

Nossa Senhora das Graças, Rogai por Nós...

Salve o bom menino,
    Menino Jesus de Praga!

Santos & Santas / *Saints*

Bandeiras de Festa Junina

Sto Antônio São Pedro São João

São Pedro

São João

CAPÍTULO 1 - *CHAPTER 1*

SÃO JOÃO

Dia 24 de Junho

...
Eu pedi numa oração
Ao querido São João
Que me desse um matrimônio...
São João disse que não!
São João disse que não!
Isto é lá com Santo Antônio!
...

Segundo a Bíblia, sua voz clamava no deserto anunciando a chegada do Messias - o Cordeiro de Deus! Por isso é representado por um menino com um carneiro no colo...

Na noite de São João, são feitas muitas "simpatias"! Como esta:

"Em pequenos papéis, escreva vários nomes...Depois é só enrolar e jogá-los em uma bacia ou copo d'água... O primeiro papel que se abrir vai mostrar QUEM o futuro lhe reserva...

... às margens do Rio São João, em Barra de S. João, RJ/BR

16 cm
17,5 cm

S. JOÃO BATISTA
St. John the Baptist

PEÇAS / *PARTS*	(cm)	Pg
Corpo / *Body*	15 x 15	60
Cabeça / *Head*	7,5 x 7,5	48
Pescoço / *Neck*	3,75 x 3,75	60
Cabelo 04 / *Hair 04*	7,5 x 7,5	49
Mãos / *Hands*	3,75 x 3,75	52
Manta / *Blanket*	15 x 15	60
Auréola / *Halo*	12 x 12	58
Estola / *Stole*	15 x 1,5	84
Cruz / *Cross*	18 x 3	84
Carneiro / *Lamb*	7,5 x 7,5	70

SÃO PEDRO

Santos & Santas / *Saints*

Dia 29 de Junho

... no pátio da Igreja de S. Pedro, em S. Pedro da Serra. RJ/BR

...
São João não me atendendo
A São Pedro fui correndo
Nos portões do paraíso
Disse o velho num sorriso:
Minha gente, eu sou chaveiro!
Nunca fui casamenteiro!
...
(Lamartine Babo)

Por ter sido o líder dos Apóstolos, "ganhou as chaves do céu..." Por isso, na crença popular, "só entra no céu quem tem sua permissão"!

Pelo Brasil a fora, no seu dia, pescadores e devotos organizam concorridas procissões de barcos lindamente ornamentados!

É o "SANTO dos PESCADORES", o "GUARDIÃO das CHUVAS" e o "PORTEIRO do CÉU"!

S. PEDRO / *St. Peter*		
PEÇAS / *PARTS*	(cm)	Pg
Hábito 02 / *Habit 02*	15 x 15	55
Mangas 04 / *Sleeves 04*	15 x 15	66
Cabeça / *Head*	7,5 x 7,5	48
Cabelo 04 / *Hair 04*	7,5 x 7,5	49
Cabelo e Barba 02 / *Hair and Beard 02*	7,5 x 7,5	50
Manto de Ombro 02 / *Shoulde Mantle 02*	15 x 15	66
Pescoço / *Neck*	3,75 x 3,75	60
Mãos / *Hands*	3,75 x 3,75	52
Auréola / *Halo*	12 x 12	58
Pés Masculinos / *Male Feet*	7,5 x 3,75	52
Cajado / *Stick*	4 x 21	----

↔ 11 cm
↕ 25,5 cm

CAPÍTULO 1 - CHAPTER 1

N. Sra da CONCEIÇÃO

Dia 8 de Dezembro

São inúmeros os casos da "Aparição de Maria, Mãe de Jesus", em várias partes do mundo, ao longo do tempo...

Quando apareceu em Lourdes, para Bernadette, mais uma vez disse ser a Imaculada Conceição, preservada de "pecado" desde sempre...

Para muitos, montar a Árvore de Natal em 8 de dezembro é uma das mais aguardadas tradições natalinas...

N. SRA DA CONCEIÇÃO, Rainha de Todos os Santos.

* sem os Anjos
* whithout Angels

↔ 15 cm
↕ 20,5 cm

N. Sra da CONCEIÇÃO
Immaculate Conception

PEÇAS / PARTS	(cm)	Pg
Hábito 02 / Habit 02	15 x 15	55
Mangas 03 / Sleeves 03	15 x 15	61
Manto de Ombro 01 (Parte 1) Shoulder Mantle 01 (Part 1)	15 x 15	64
Manto de Ombro 01 (Parte 2) Shoulder Mantle 01 (Part 2)	12 x 12	64
Manto de Ombro 01 (Parte 3) Shoulder Mantle 01 (Part 3)	7,5 x 7,5	64
Cabelo Comprido (Superior) / Long Hair (Top)	7,5 x 7,5	51
Cabelo Comprido (Inferior) / Long Hair (Bottom)	15 x 15	51
Cabeça / Head	7,5 x 7,5	48
Pescoço / Neck	3,75 x 3,75	60
Mãos / Hands	3,75 x 3,75	52
Lua Crescente / Crescent Moon	12 x 12	85
Anjo (Asa) / Angel (Wing)	7,5 x 7,5	48
Anjo (Cabeça) / Angel (Head)	5 x 5	48

Santos & Santas / *Saints*

SANTA SARA

Dia 24 de Maio

Conta-se que três Marias, fugindo da perseguição aos cristãos na Palestina, com sua serva negra Sara, aportaram na costa francesa, em Saint Marie de la Mer!

Todo ano, ciganos do mundo inteiro chegam a essa cidade para acompanhar a procissão em seu louvor...

Foi entre os ciganos que surgiu o culto a Santa Sara Kali, que é a sua PADROEIRA!

É a SANTA dos DESESPERADOS, dos OFENDIDOS e dos DESAMPARADOS.

SARA		
PEÇAS / *PARTS*	(cm)	Pg
Hábito 02 / *Habit 02*	15 x 15	55
Mangas 03/ *Sleeves 03*	15 x 15	61
Sari (Parte 1)	15 x 15	65
Sari (Parte 2)	12 x 12	65
Cabelo Comprido (Superior) / *Long Hair (Top)*	7,5 x 7,5	51
Cabelo Comprido (Inferior) / *Long Hair (Bottom)*	15 x 15	51
Cabeça / *Head*	7,5 x 7,5	48
Pescoço / *Neck*	3,75 x 3,75	60
Mãos Postas / *Hands in Prayer*	3,75 x 3,75	52
Lua Crescente / *Crescent Moon*	12 x 12	85
Tiara	7,5 x 7,5	58

↔ 12 cm
↕ 23 cm

* sem a Lua e as Estrelas
* *whithout Moon and Stars*

CAPÍTULO 1 - CHAPTER 1

Nossa Sra da CONCEIÇÃO, dobrada por Conceição Barros com base na "santinha de papel" distribuída na sua festa de 15 anos... E montada num papel artesanal que a própria Conceiçãoproduziu!

N. Sra da CONCEIÇÃO

Santa SARA

40 SANTO de CASA - dobrando com devoção...

Santos & Santas / *Saints*

N. Sra da GLÓRIA

Santa EDWIGES, na interpretação de Flaviane Koti, inspirada numa antiga "santinha de papel" que Vera Young ganhou, há muitos anos, de sua tia freira, para que "nunca ficasse sem dinheiro"... E que até hoje está em sua carteira!

CAPÍTULO 1 - *CHAPTER 1*

N. Sra da GLÓRIA

Dia 15 de Agosto

"Assunção", "Glorificação" e "Coroação" de Maria!

É mais um dos muitos nomes atribuídos a Maria, Mãe de Jesus...

Sua devoção chegou ao Brasil com os portugueses, que construíram, em Porto Seguro, a primeira Igreja de Nossa Senhora da Glória.

Salve N. Sra da Glória "Rainha do Céu e da Terra"!

↔ 16,5 cm
↕ 26 cm

N. Sra da GLÓRIA *Our Lady of Glory*		
PEÇAS / *PARTS*	(cm)	Pg
Túnica / *Tunic*	15 x 15	61
Mangas 03 / *Sleeves 03*	15 x 15	61
Manto 01 / *Cloak 01*	15 x 15	61
Manto 03 (Parte 2) / *Cloak 03 (Part 2)*	7,5 x 7,5	63
Cabeça / *Head*	7,5 x 7,5	48
Pescoço / *Neck*	3,75 x 3,75	60
Cabelo 03 / *Hair 03*	7,5 x 7,5	49
Mãos / *Hands*	3,75 x 3,75	52
Auréola / *Halo*	12 x 12	58
Coroa / *Crown*	7,5 x 7,5	58
Menino Jesus/Roupa - *Jesus Baby/Clothes*	7,5 x 7,5	59
Menino Jesus/Cabeça - *Jesus Baby/Head*	3,75 x 3,75	48
Menino Jesus/Mãos - *Jesus Baby/Hands*	1,875 x 1,875	52
Menino Jesus/Coroa - *Jesus Baby/Crown*	3,75 x 3,75	58

Santos & Santas / *Saints*

SANTA EDWIGES

Dia 15 de Outubro

Nos castelos e mosteiros medievais, as mulheres viviam em lazer, oração e trabalho...

De família nobre, Edwiges fez diferente... Fez muito mais – dedicou sua vida aos pobres e aos desamparados... Usou seu próprio dinheiro

... para salvar servos endividados com os senhores feudais...

... ou construindo casas de acolhida, para oferecer abrigo e comida aos necessitados.

Por isso tornou-se a "PROTETORA dos ENDIVIDADOS"

Sta EDWIGES / *St. Edwiges*		
PEÇAS / *PARTS*	(cm)	Pg
Túnica Drapeada / *Drapped Tunic*	15 x 15	67
Mangas 02 / *Sleeves 02*	15 x 15	55
Mangas 05 / *Sleeves 05*	15 x 15	67
Beatilha (Pescoço) / *Nun Hood (Neck)*	3,75 x 3,75	56
Beatilha (Testa) / *Nun Hood (Forehead)*	3,75 x 7,5	56
Véu / *Veil*	15 x 15	56
Cabeça / *Head*	7,5 x 7,5	48
Mãos / *Hands*	3,75 x 3,75	52
Igreja / *Church*	7,5 x 7,5	84
Auréola 01 / *Halo 01*	15 x 15	74
Sakuras	3,75 x 3,75	81
Açucena (Folha) / *Lily (Leaf)*	3,75 x 3,75	79

↔ 10,5 cm
↕ 25 cm
* sem as Flores
* *whithout Flowers*

CAPÍTULO 1 - *CHAPTER 1*

SÃO JOSÉ

Dia 19 de Março

Aquele que contribui, que semeia,
que na alma sertaneja,
traz o tempo da boa colheita...

que no seu dia,
concede a benção das chuvas...

PADROEIRO dos Trabalhadores,
Marceneiros, artesãos...
até dos que "procuram emprego"!

JOSÉ, do Silêncio e da Abnegação,
provedor da SAGRADA FAMÍLIA,
e de TODAS AS FAMÍLIAS...

Rogai por nós!

12,5 cm
22,5 cm

SÃO JOSÉ / *St. Joseph*		
PEÇAS / *PARTS*	(cm)	Pg
Hábito 01 / *Habit 01*	15 x 15	53
Mangas 04 / *Sleeves 04*	15 x 15	66
Manto de Ombro 02 / *Shoulder Mantle 02*	15 x 15	66
Cabeça / *Head*	7,5 x 7,5	48
Pescoço / *Neck*	3,75 x 3,75	60
Cabelo 04 / *Hair 04*	7,5 x 7,5	49
Cabelo e Barba 02 / *Hair and 02 Beard*	7,5 x 7,5	50
Mãos / *Hands*	3,75 x 3,75	52
Auréola / *Halo*	12 x 12	58
Menino Jesus/Roupa - *Jesus Baby/Clothes*	7,5 x 7,5	59
Menino Jesus/Cabeça - *Jesus Baby/Head*	3,75 x 3,75	48
Menino Jesus/Mãos - *Jesus Baby/Hands*	1,875 x 1,875	52
Menino Jesus/Auréola - *Jesus Baby/Halo*	7,5 x 7,5	58
Açucena (Flor) / *Lily (Flower)*	3,75 x 3,75	79
Açucena (Folha) / *Lily (Leaf)*	3,75 x 3,75	79

Santos & Santas / *Saints*

A ROSA e a CRUZ

No domingo anterior ao Domingo de Páscoa, cristãos celebram o Domingo de Ramos.

Nesse dia, ramos de folhas de palmeira - as "palmas" - são distribuídos.

Em diversas partes do mundo (inclusive no interior do Brasil), é costume dobrar "Cruzes com Folhas de Palmeira" para distribuir, dar de presente, usar na decoração...

Essa prática associa dois fortes símbolos da cultura cristã - a CRUZ e as PALMAS!

O CRUCIFIXO de Santa Terezinha do Menino Jesus foi inspirado nessa tradição.

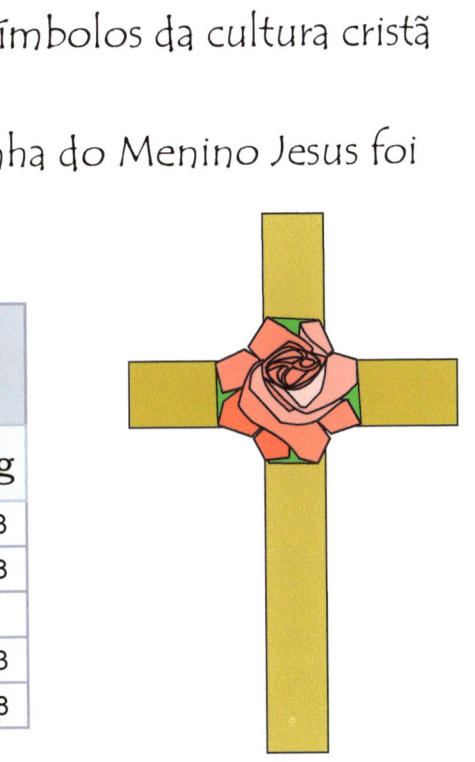

ROSA / CRUZ *Rose / Cross*		
PEÇAS / *PARTS*	(cm)	Pg
Cruz dourada / *Golden Cross*	30 x 1	73
Rosa Vermelha / *Red Rose*	5 x 5	78
Cruz marrom / *Brown Cross*	30 x 2	73
Rosa Laranja / *Orange Rose*	10 x 10	78

CAPÍTULO 2
PEÇAS BÁSICAS

ANJO / CABEÇA - pg 48
CABELOS - pg 49
CABELOS e BARBA - pg 50
CABELO COMPRIDO - pg 51
MÃOS e PÉS - pg 52
HÁBITO 01 e MANGAS 01 - CORDÃO da CINTURA - pg 53
CAPUZ 01 e CAPUZ 02 - pg 54
HÁBITO 02 e MANGAS 02 - pg 55
BEATILHA e VÉU - pg 56
GOLA E PUNHOS RENDADOS - pg 57
CABEÇA - AURÉOLA - GLOBO - COROA - TIARA - pg 58
MENINO JESUS - pg 59
PESCOÇO - MANTA - CORPO - pg 60
TÚNICA - MANTO 01 - MANGAS 03 - pg 61
MANTO 02 - pg 62
MANTO 03 - pg 63
MANTO DE OMBRO 01 - pg 64
SARI - pg 65
MANTO de OMBRO 02 - MANGAS 04 - pg 66
TÚNICA DRAPEADA - MANGAS 05 - pg 67

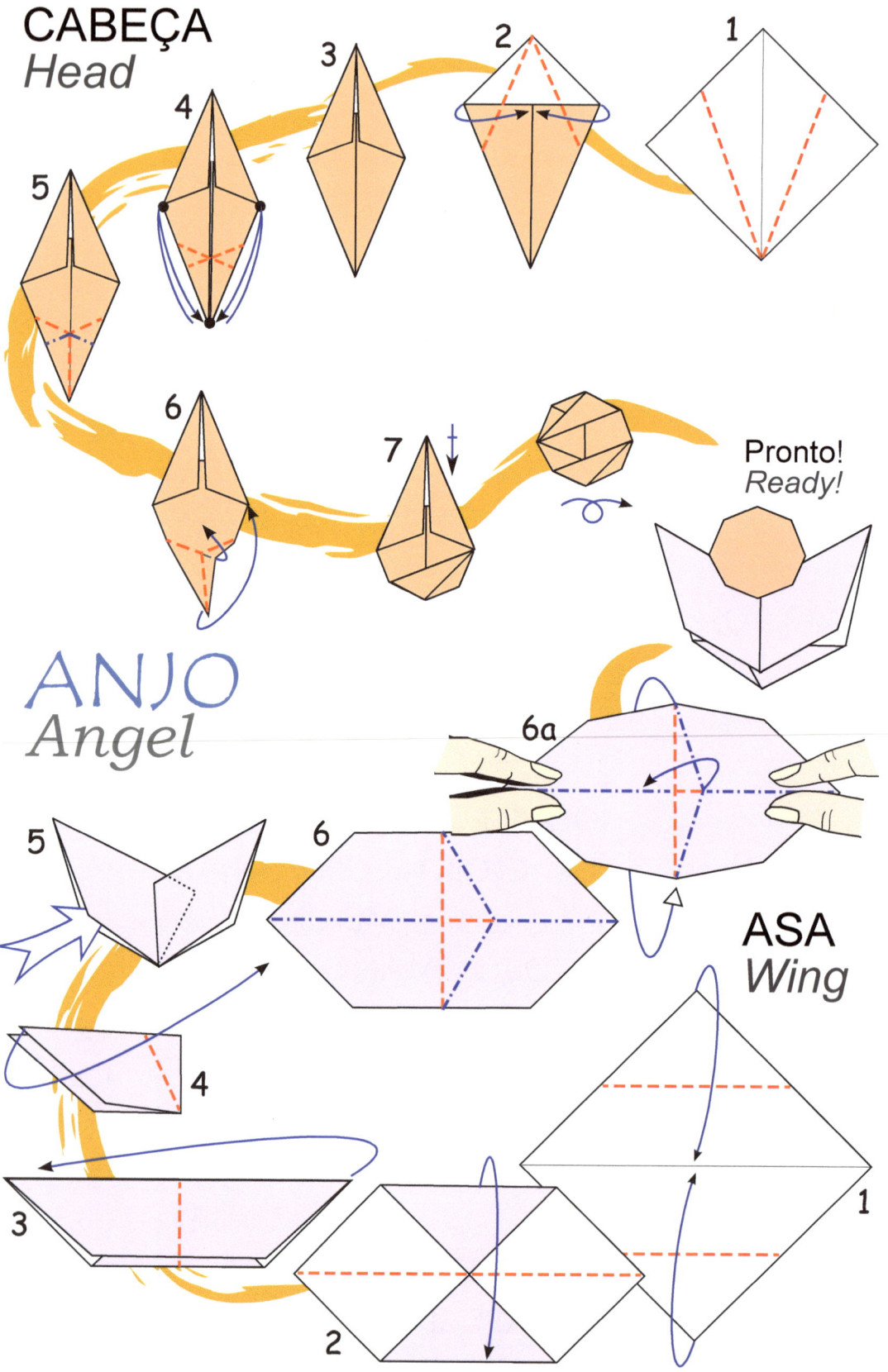

Peças Básicas / *Basic Pieces*

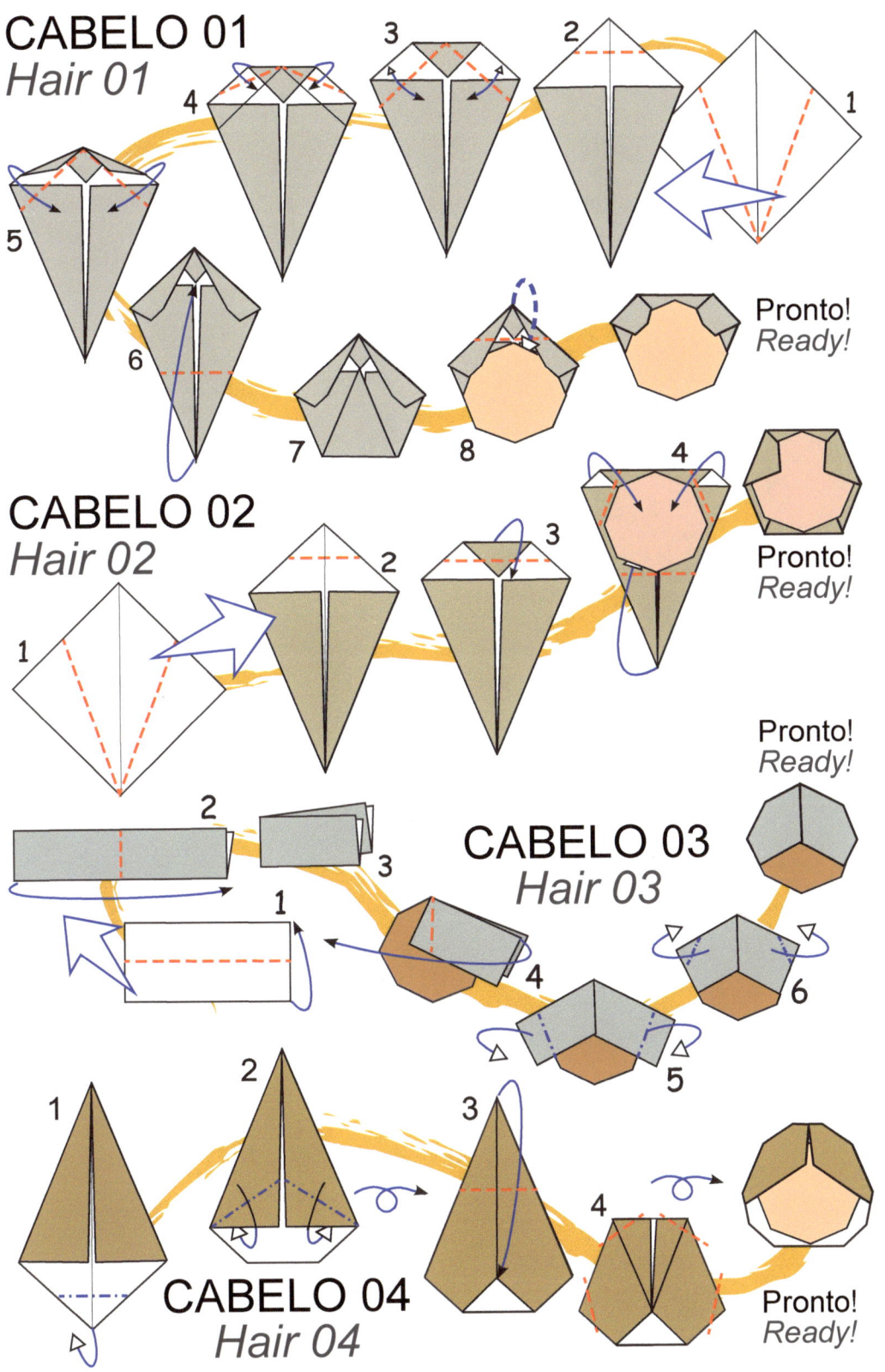

Nunes, Galvão e Young

CAPÍTULO 2 - *CHAPTER 2*

CABELO e BARBA 01
Hair and Beard 01

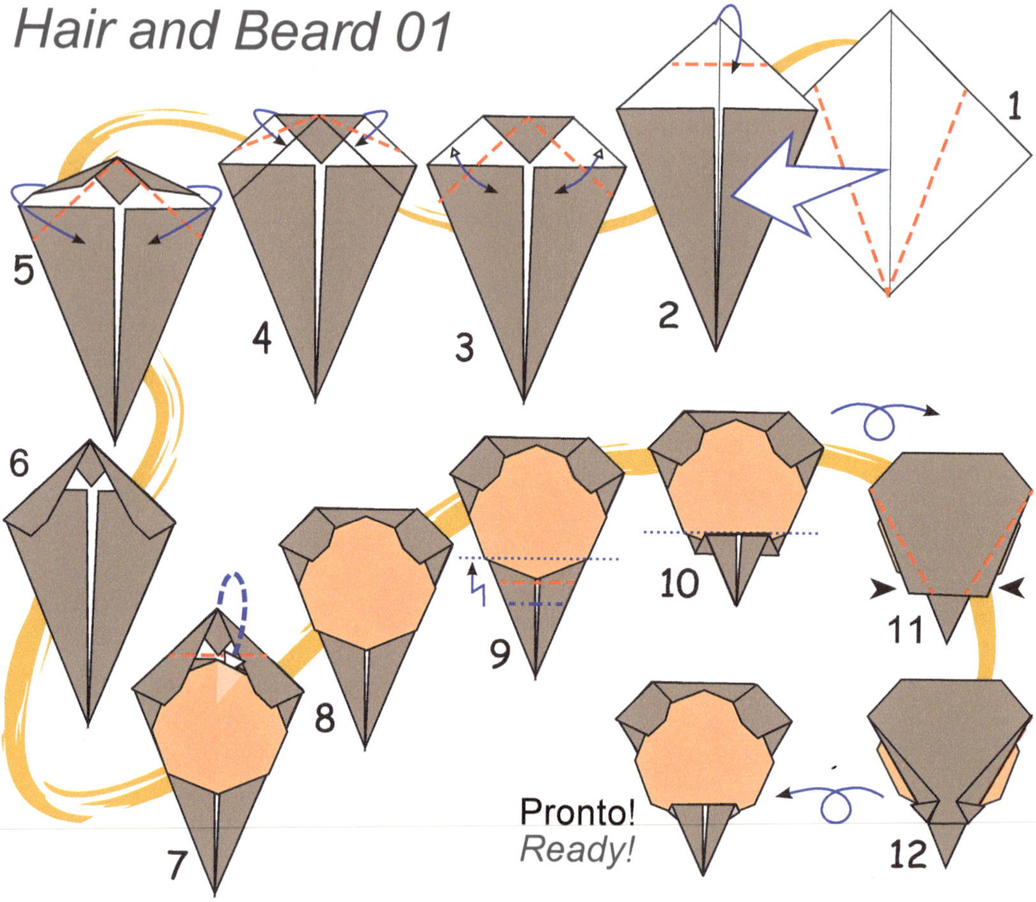

CABELO e BARBA 02
Hair and Beard 02

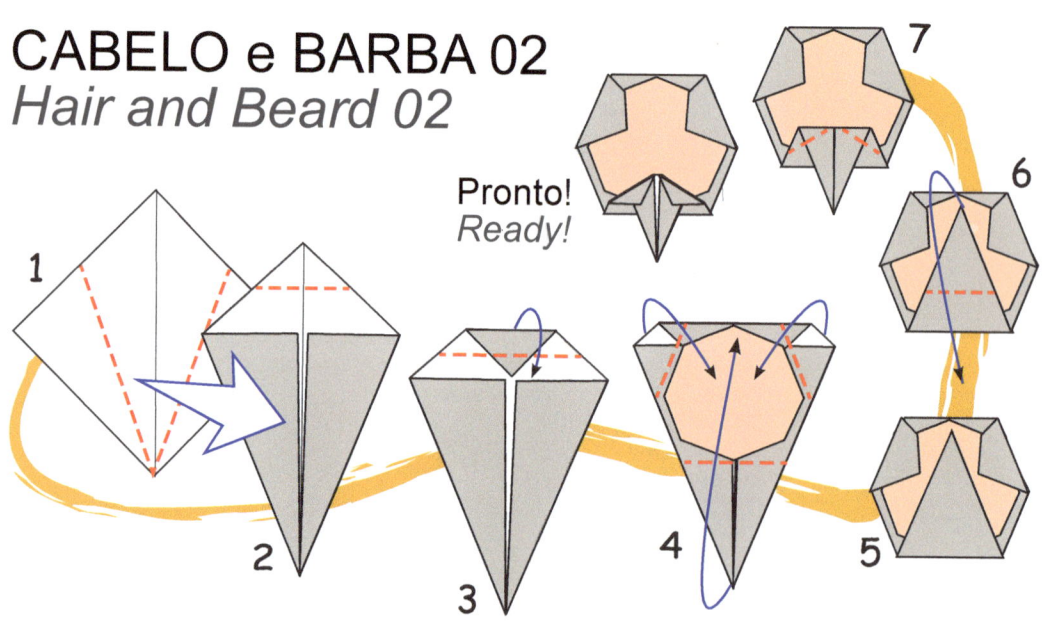

Peças Básicas / *Basic Pieces*

CABELO COMPRIDO
Long Hair

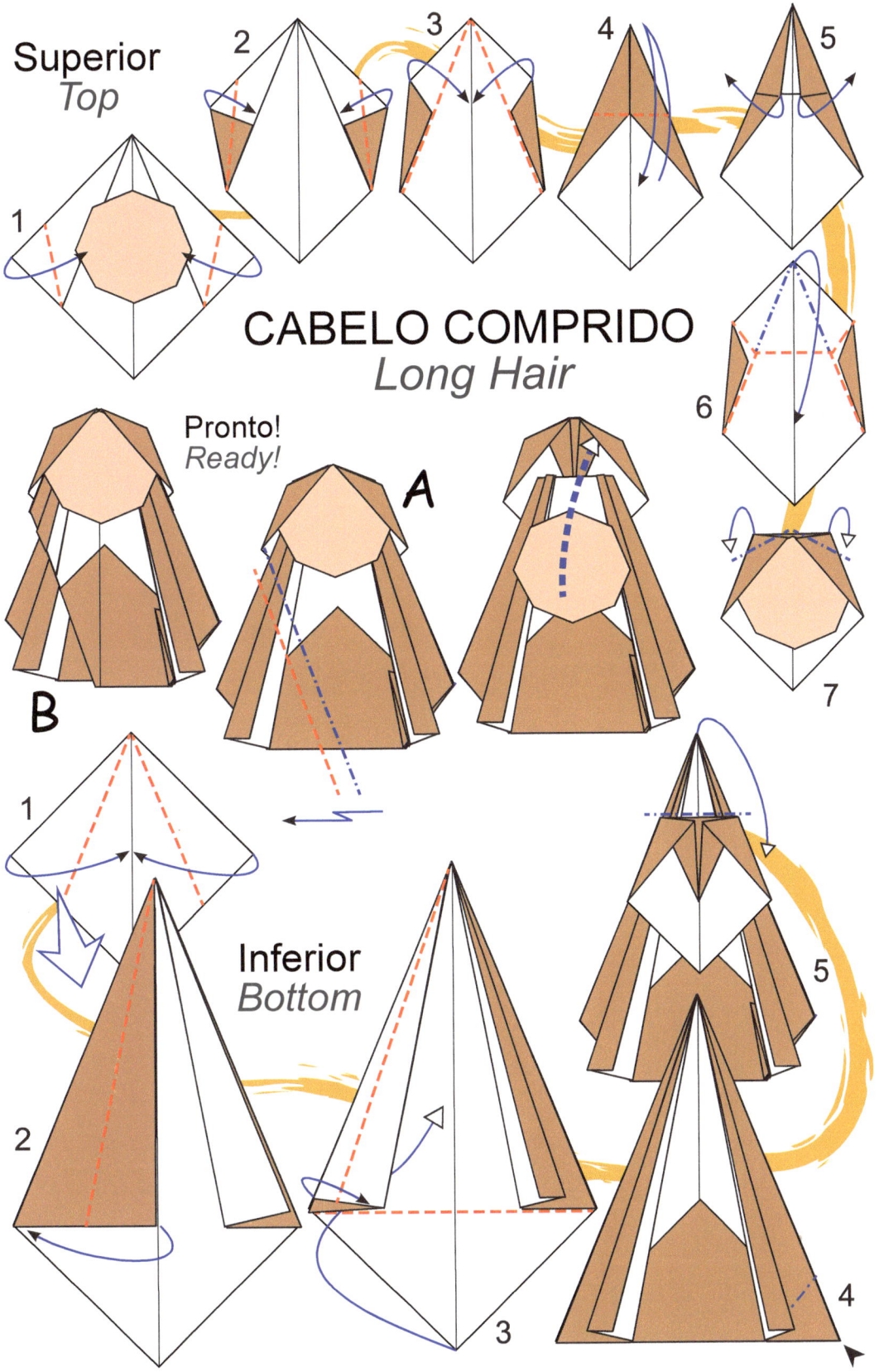

CAPÍTULO 2 - CHAPTER 2

MÃOS
Hands

2 X

Pronto!
Ready!

MÃOS POSTAS
Hands in Prayer

Pronto!
Ready!

PÉS FEMININOS
Female Feet

2 X

Pronto!
Ready!

PÉS MASCULINOS
Male Feet

2X

Pronto!
Ready!

PÉS em SANDÁLIAS
Feet in Sandals

2X

52   SANTO de CASA – dobrando com devoção...

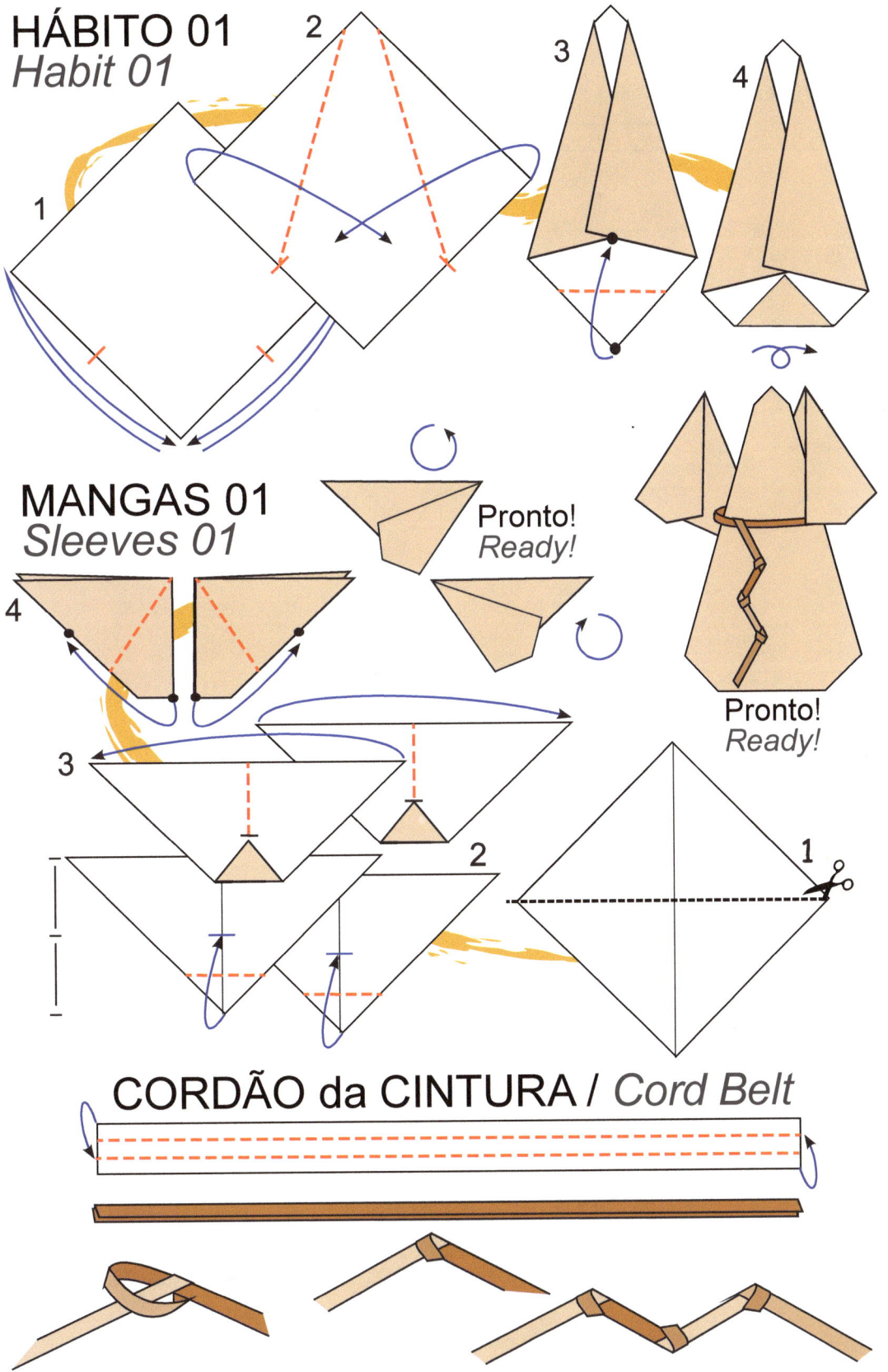

CAPÍTULO 2 - *CHAPTER 2*

CAPUZ 01
Hood 01

CAPUZ 02
Hood 02

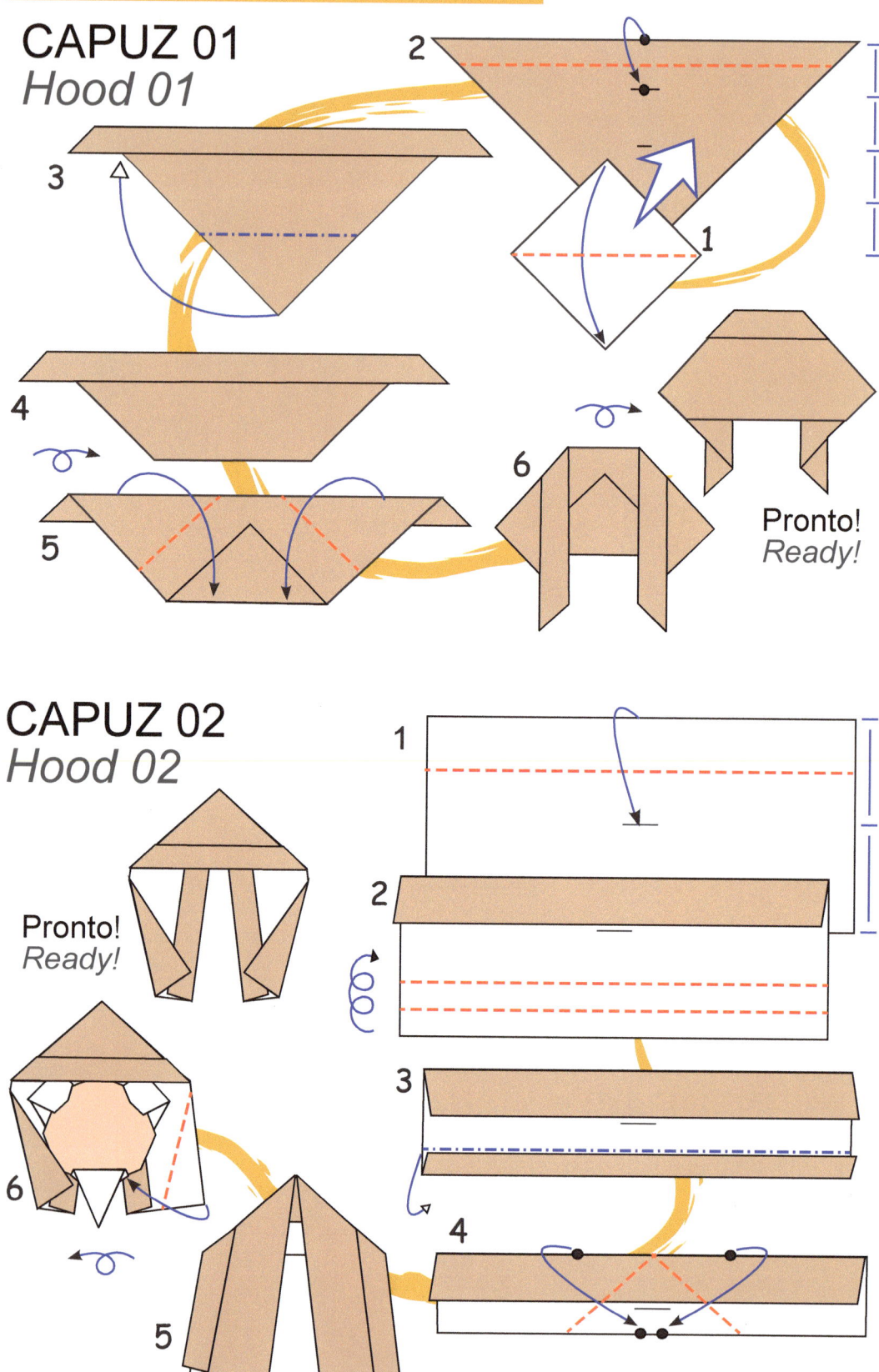

Pronto!
Ready!

Pronto!
Ready!

SANTO de CASA – dobrando com devoção...

Peças Básicas / *Basic Pieces*

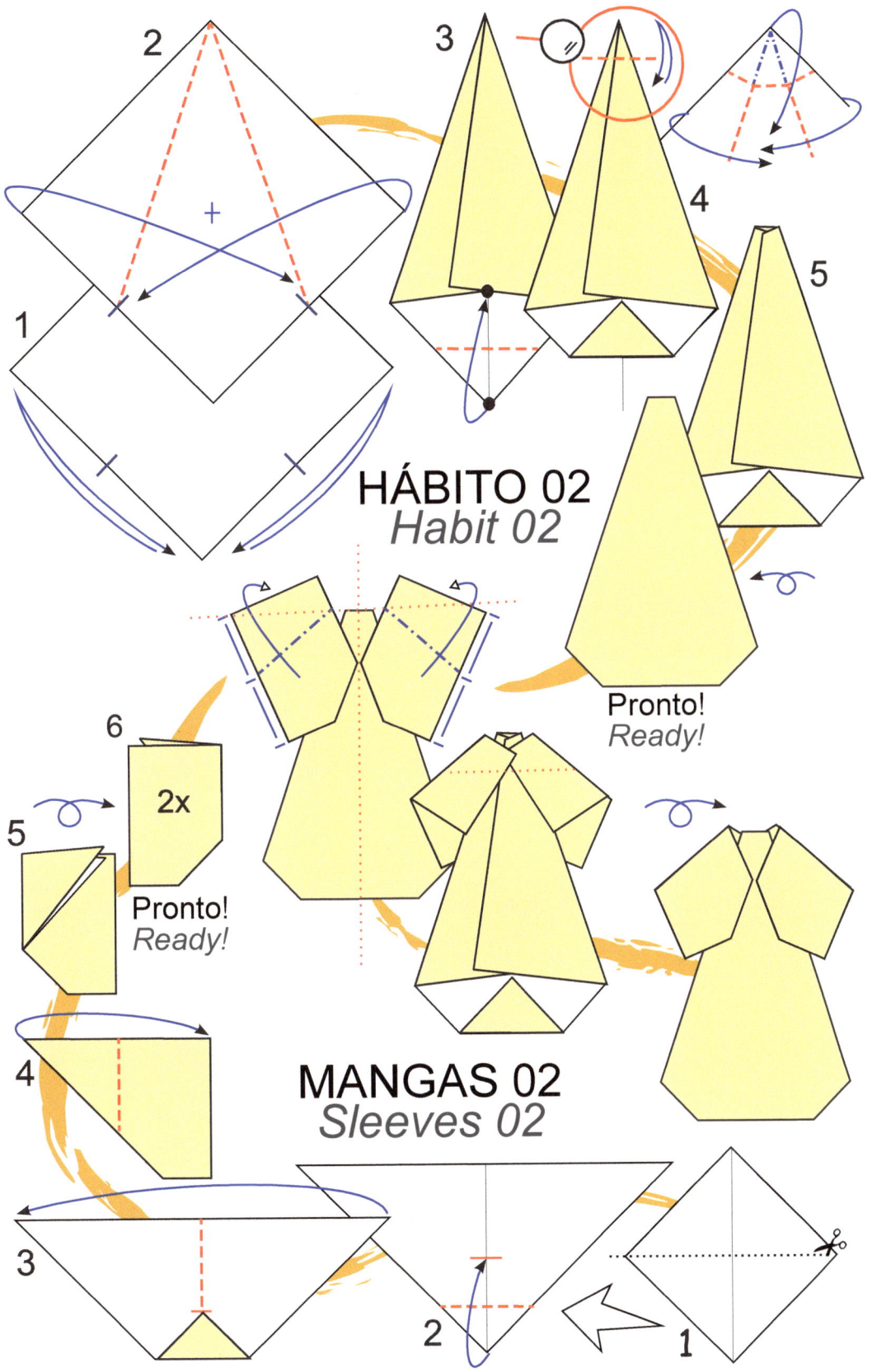

HÁBITO 02
Habit 02

MANGAS 02
Sleeves 02

CAPÍTULO 2 - *CHAPTER 2*

VÉU
Veil

TESTA
Forehead

PESCOÇO
Neck

BEATILHA e VÉU
Nun Hood and Veil

Pronto!
Ready!

GOLA
Collar

56 SANTO de CASA – dobrando com devoção...

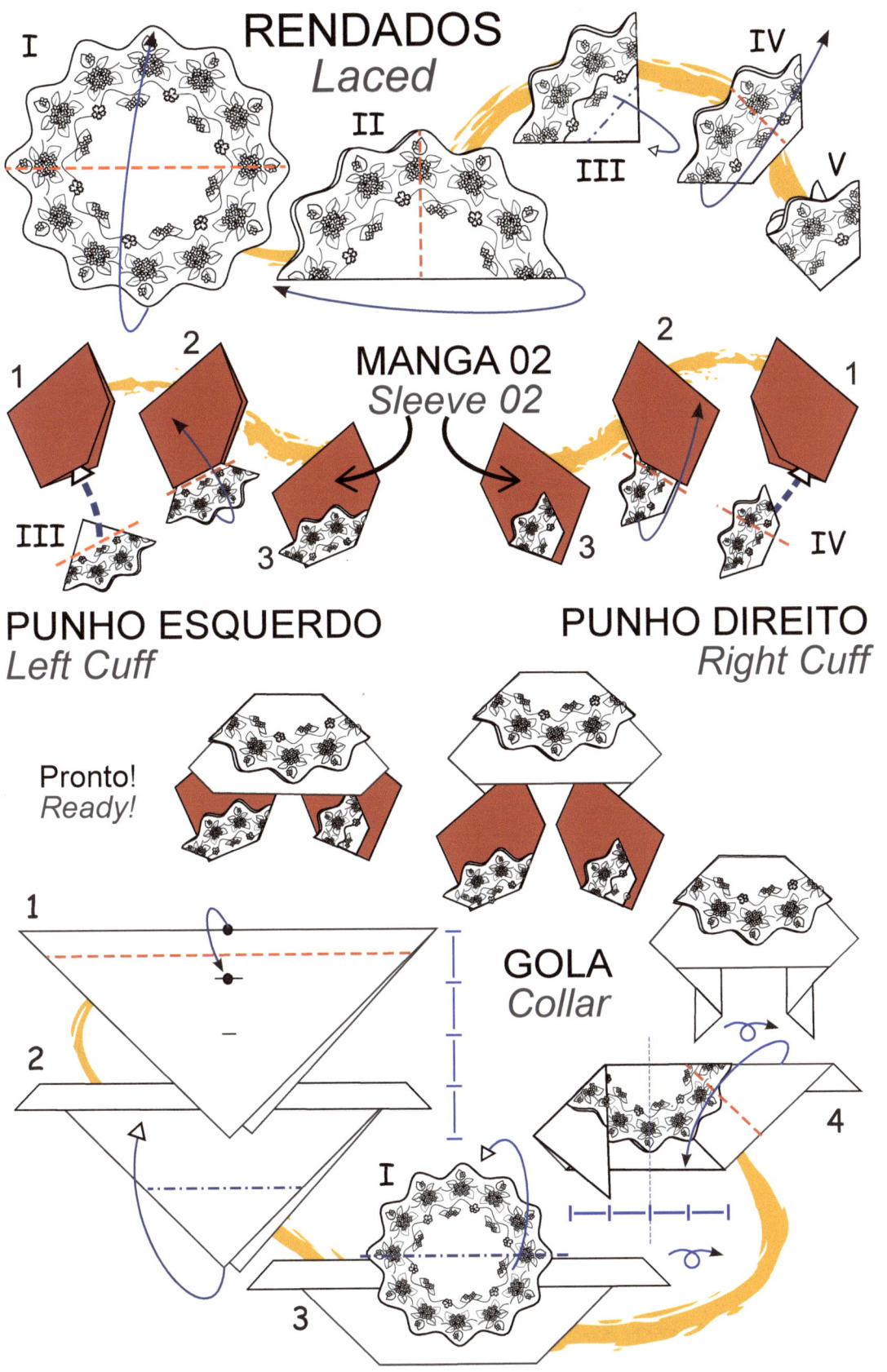

CAPÍTULO 2 - *CHAPTER 2*
CABEÇA - AURÉOLA - GLOBO
Head - Halo - Globe

AURÉOLA
Halo

GLOBO
Globe

CABEÇA
Head

COROA
Crown

Pronto!
Ready!

TIARA
Tiara

Pronto!
Ready!

58 SANTO de CASA – dobrando com devoção...

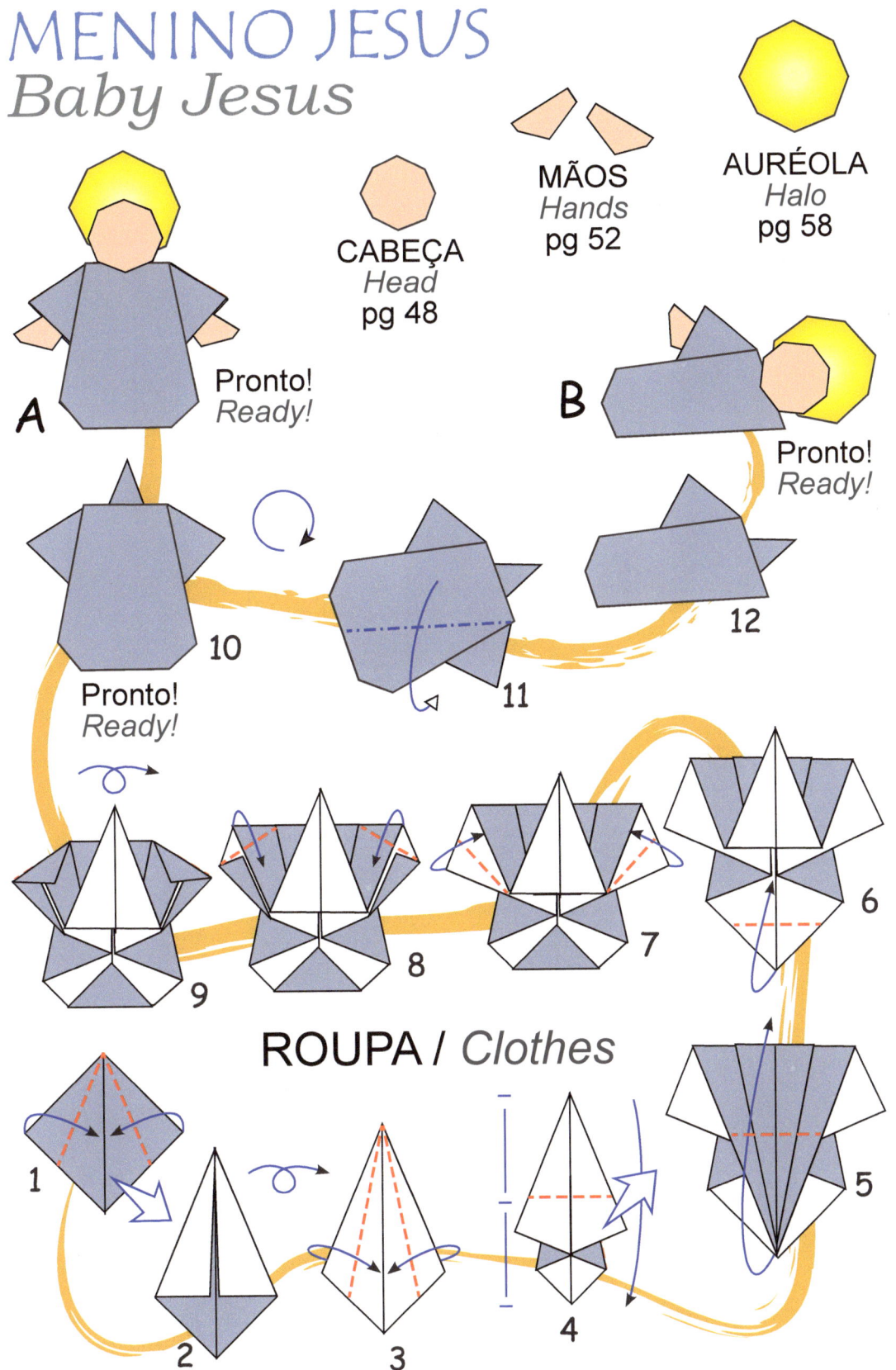

CAPÍTULO 2 - CHAPTER 2

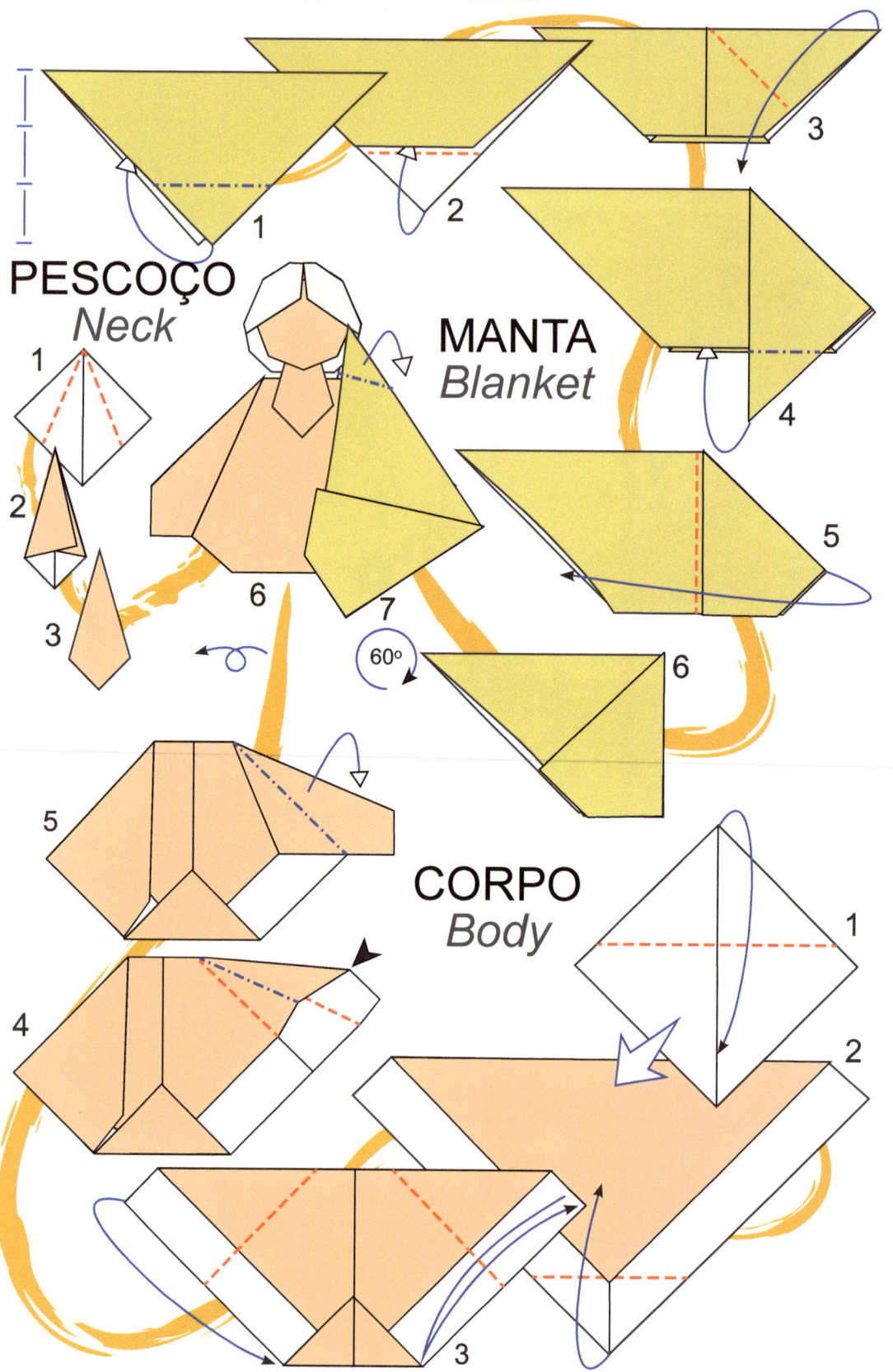

PESCOÇO *Neck*

MANTA *Blanket*

CORPO *Body*

60 SANTO de CASA – dobrando com devoção...

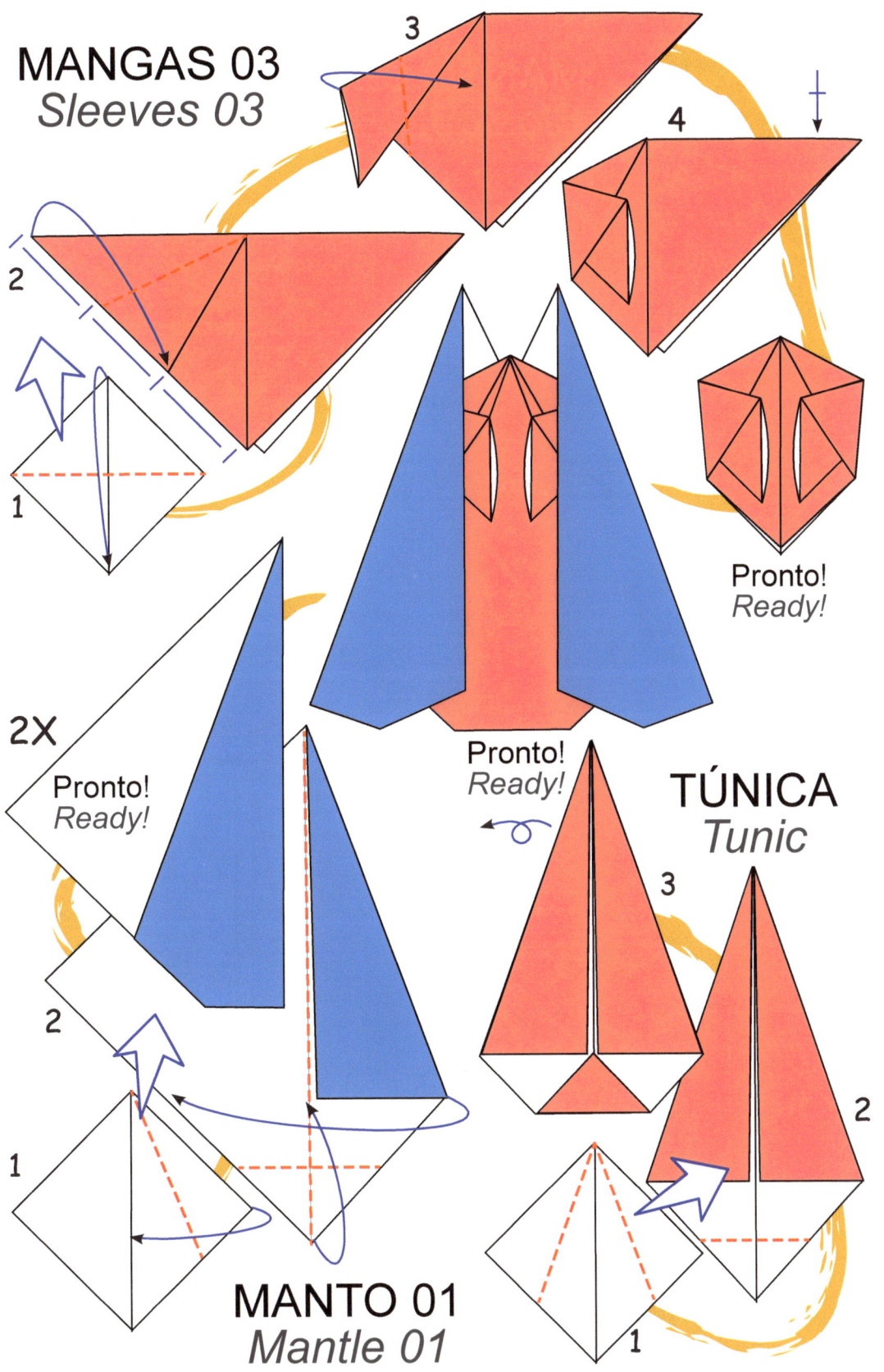

CAPÍTULO 2 - CHAPTER 2

MANTO 02
Cloak 02

Parte 1 / *Part 1*

Parte 2 / *Part 2*

Pronto! / *Ready!*

Manto 02 (lateral) / *Cloak 02 (side)*

Raios de Luz / *Beam Light*

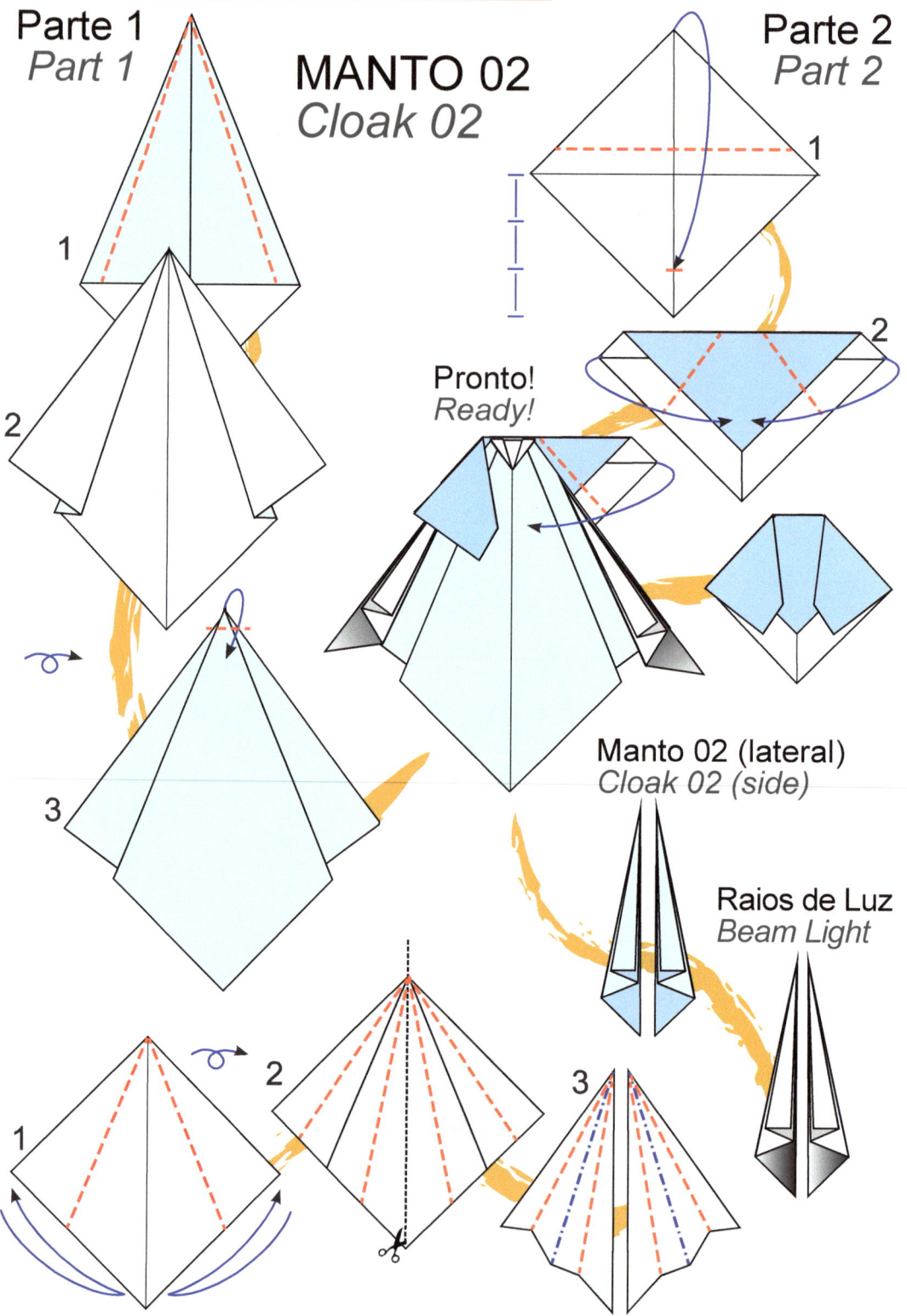

Manto 02 (lateral) ou RAIOS de LUZ
Cloak 02 (side) or Beam Light

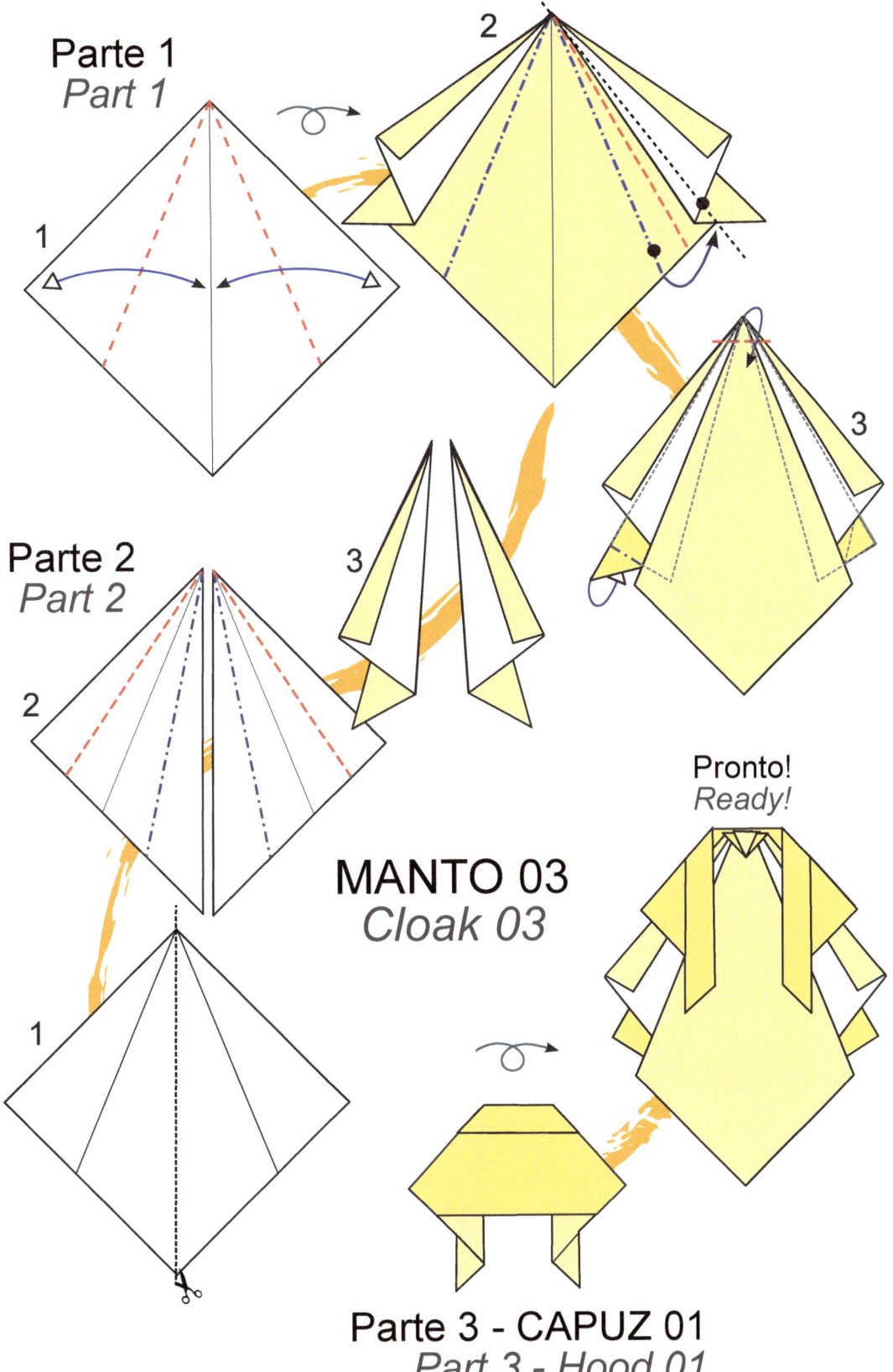

CAPÍTULO 2 - *CHAPTER 2*

MANTO de OMBRO 01
Shoulder Mantle 01

Parte 3 / *Part 3*

Parte 2 / *Part 2*

Parte 1 / *Part 1*

Pronto! / *Ready!*

64   SANTO de CASA – dobrando com devoção...

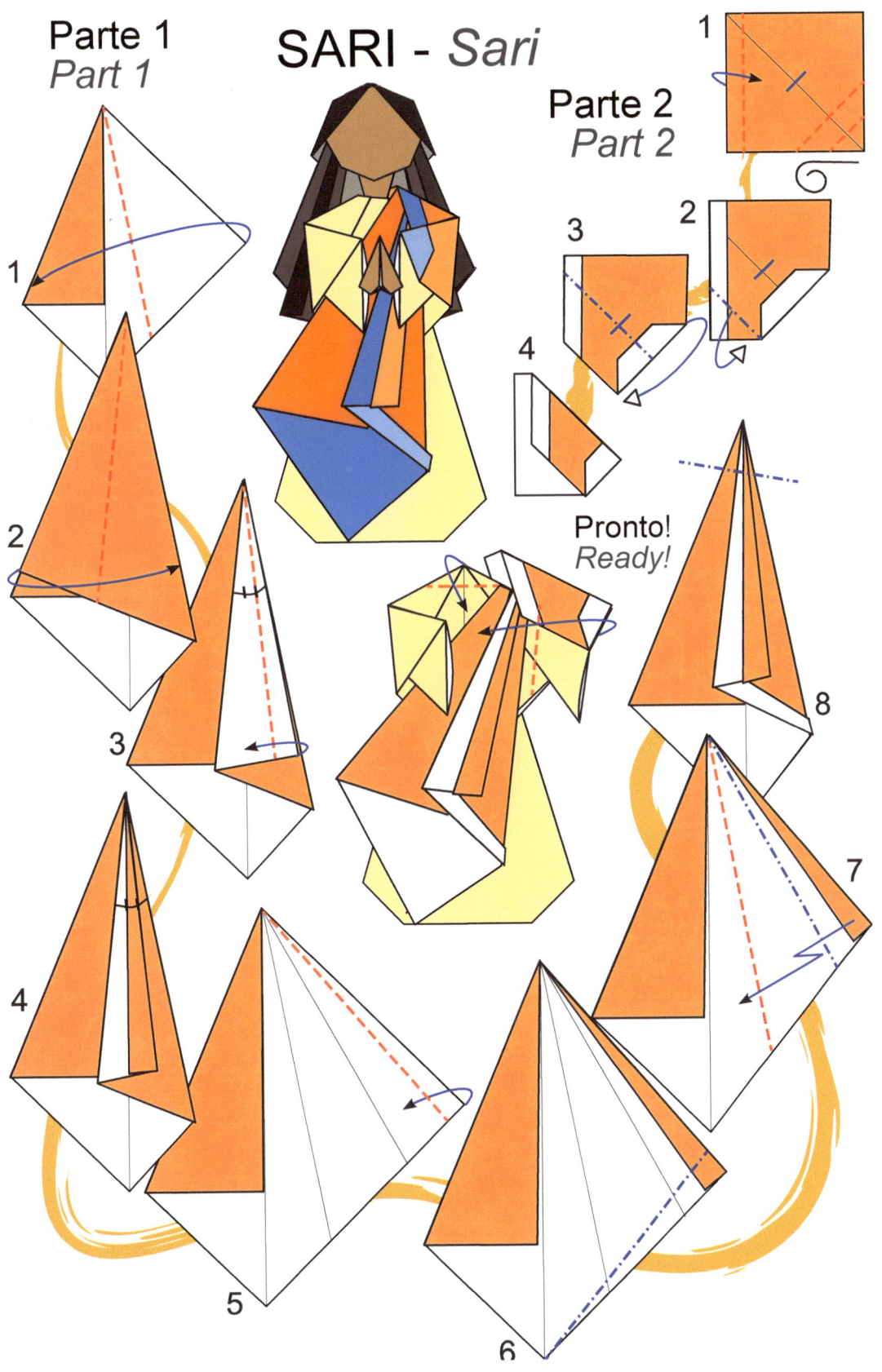

CAPÍTULO 2 - CHAPTER 2

Parte 1 / *Part 1*

MANGAS 04 / *Sleeves 04*

Parte 2 / *Part 2*

Pronto! / *Ready!*

MANTO de OMBRO 02 / *Shoulder Mantle 02*

66 SANTO de CASA – dobrando com devoção...

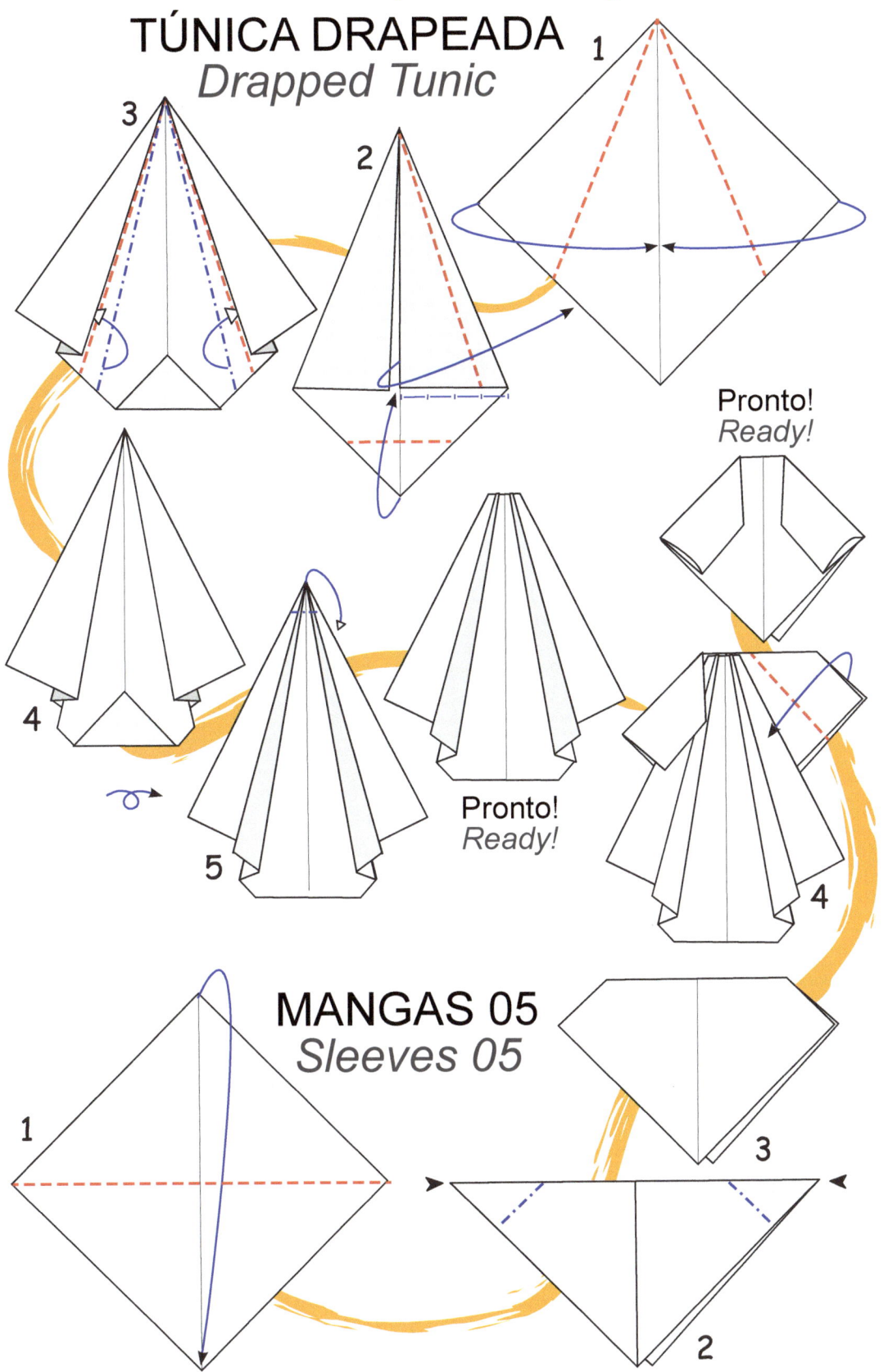

CAPÍTULO 3

ACESSÓRIOS

CARNEIRO – pg 70
LOBO – pg 71
SERPENTE – pg 72
PÁSSAROS – pg 73
AURÉOLA 01 e AURÉOLA 02 – pg 74
CRUCIFIXO – pg 75
MONTAGEM DA ROSA na CRUZ – pg 76
CRUZ de MALTA – pg 77
EMBORNAL – LANTERNA – pg 78
AÇUCENA – LIVRO – pg 79
ROSAS para SANTA TEREZINHA – pg 80
SAKURA ou ONZE-HORAS – pg 81
TSUBAKI ou CAMÉLIA – pg 82
OSTENSÓRIO – pg 83
IGREJA / CASA – CRUZ – ESTOLA – pg 84
LUA CRESCENTE – pg 85

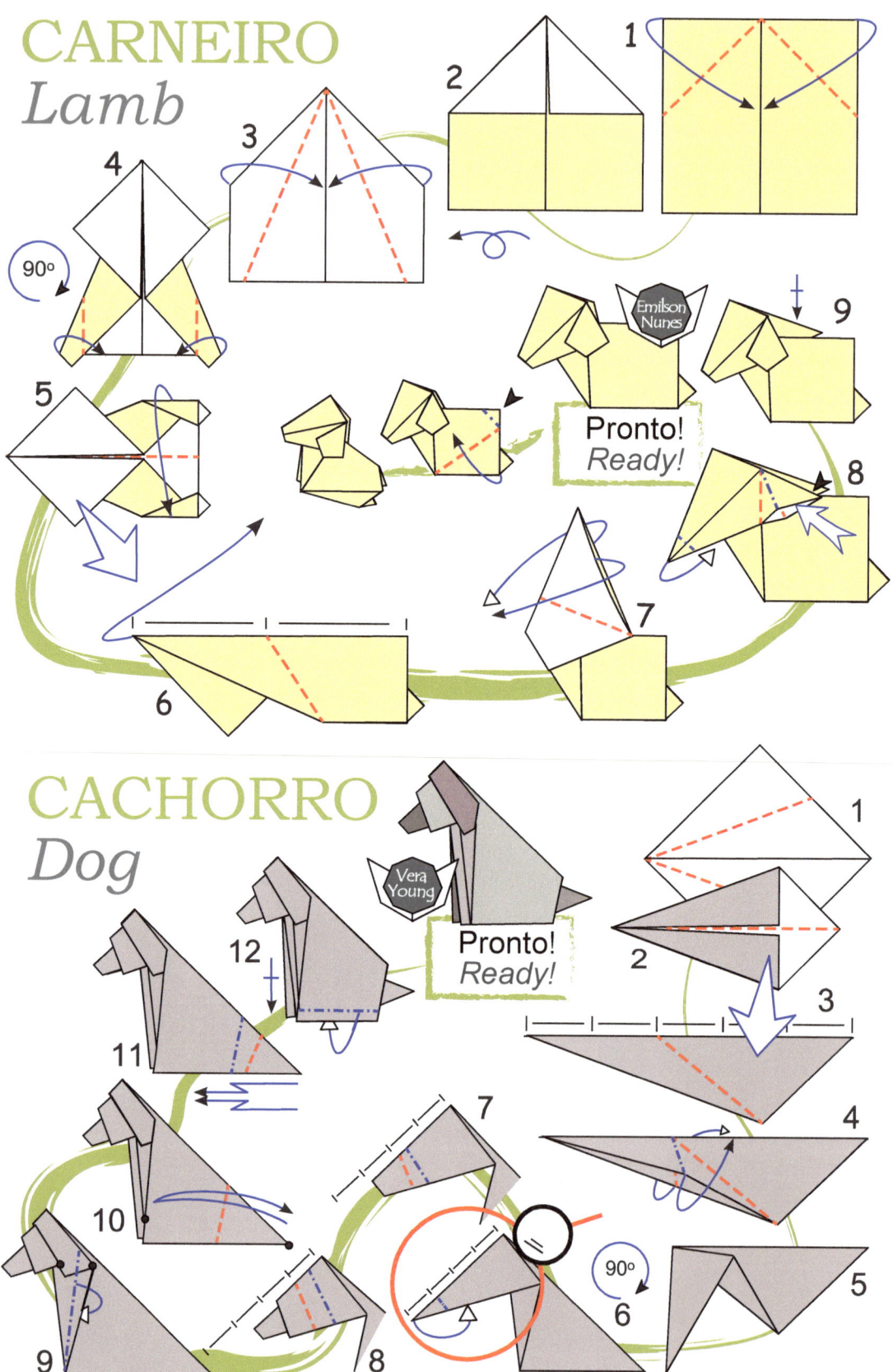

LOBO
Wolf

Acessórios - *Accessories*

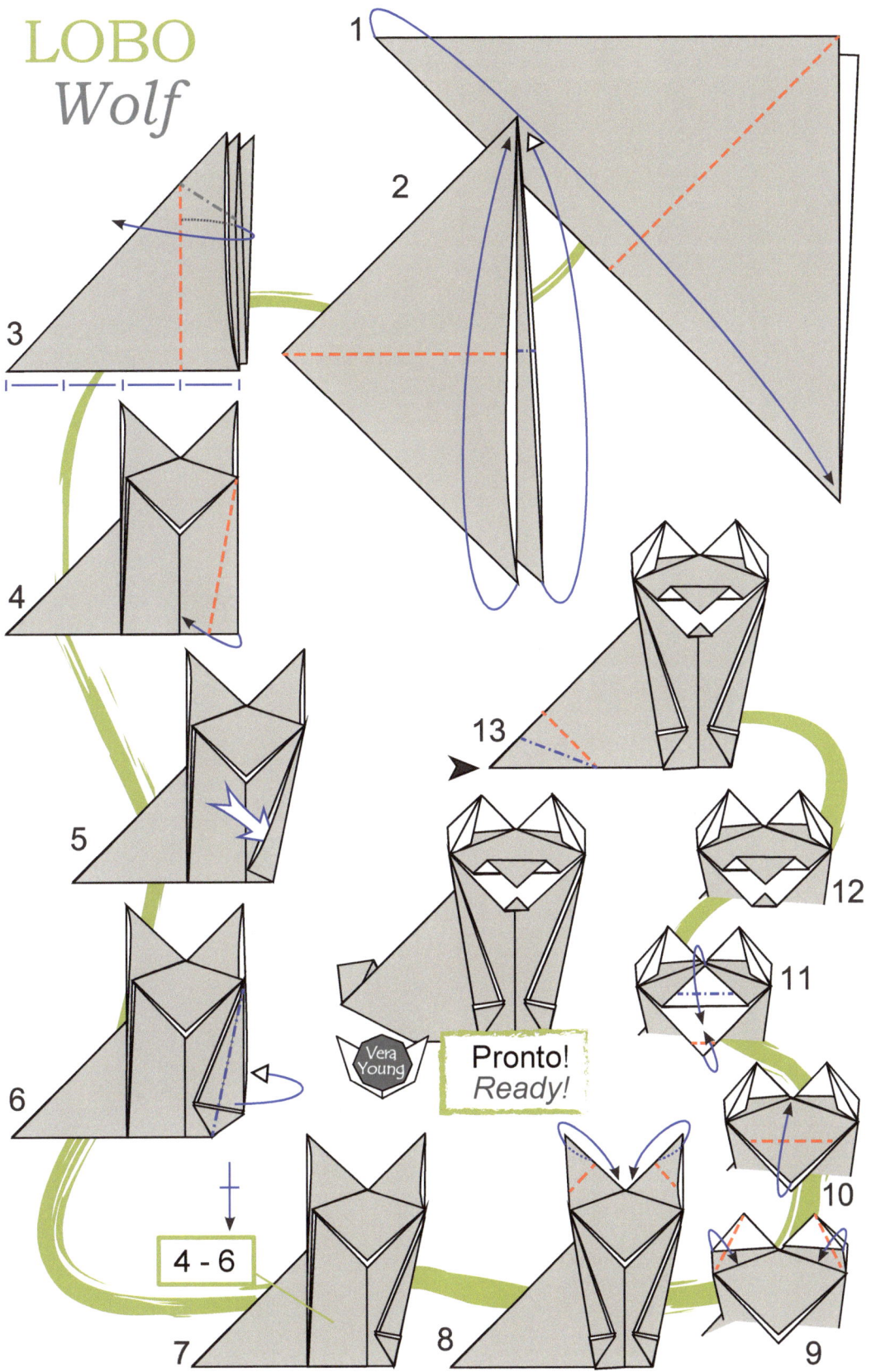

Pronto!
Ready!

CAPÍTULO 3 - *CHAPTER 3*

Módulo / *Unit*

4×

SERPENTE
Snake

A Serpente foi inspirada no "Anello Ottagonale", de Paolo Bascetta.

The Snake was inspired by Paolo Bascetta´s "Anello Ottagonale".

Pronto! / *Ready!*

45°

72   SANTO de CASA – dobrando com devoção...

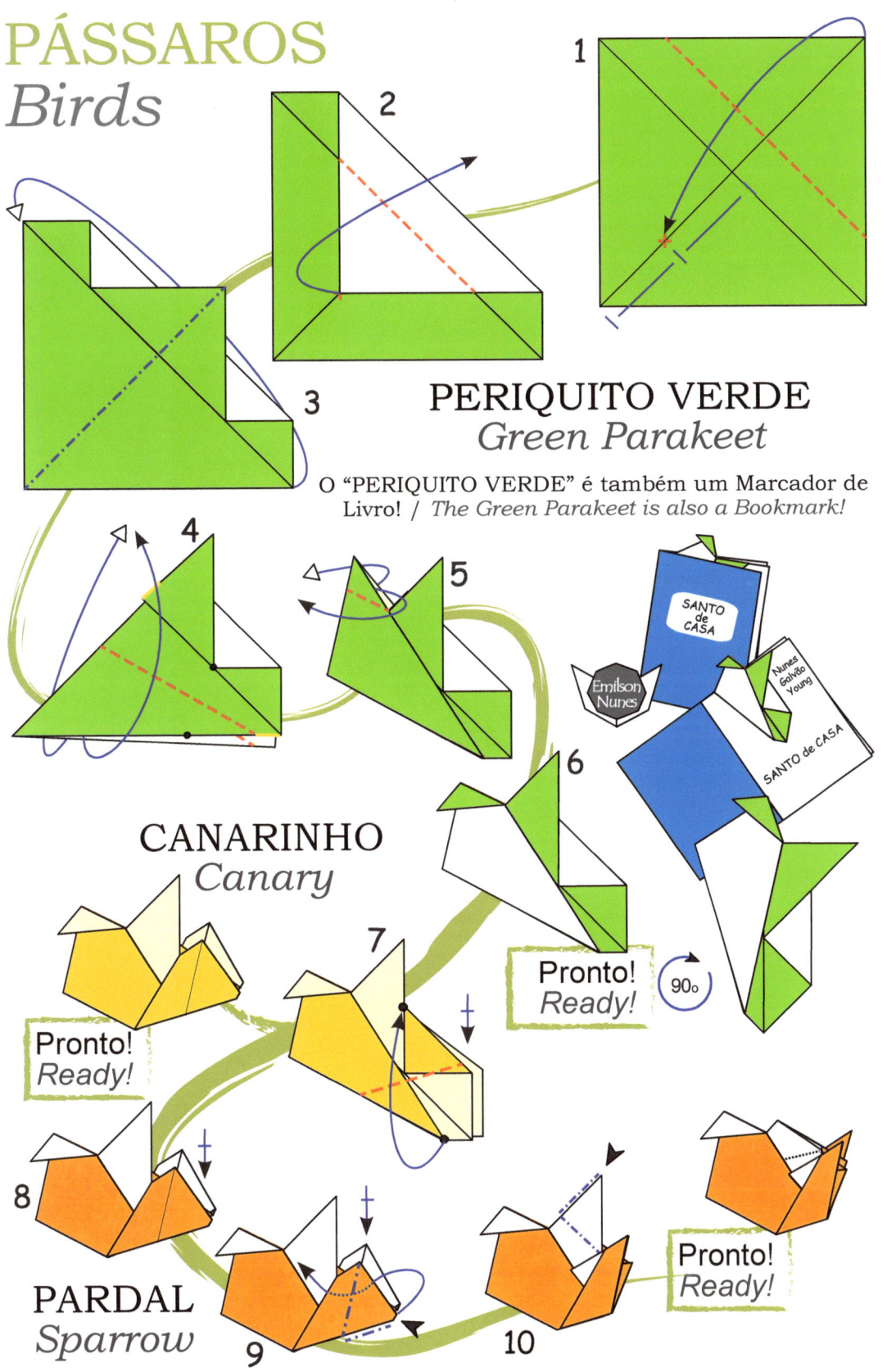

CAPÍTULO 3 - CHAPTER 3
AURÉOLA 01
Halo 01

AURÉOLA 02
Halo 02

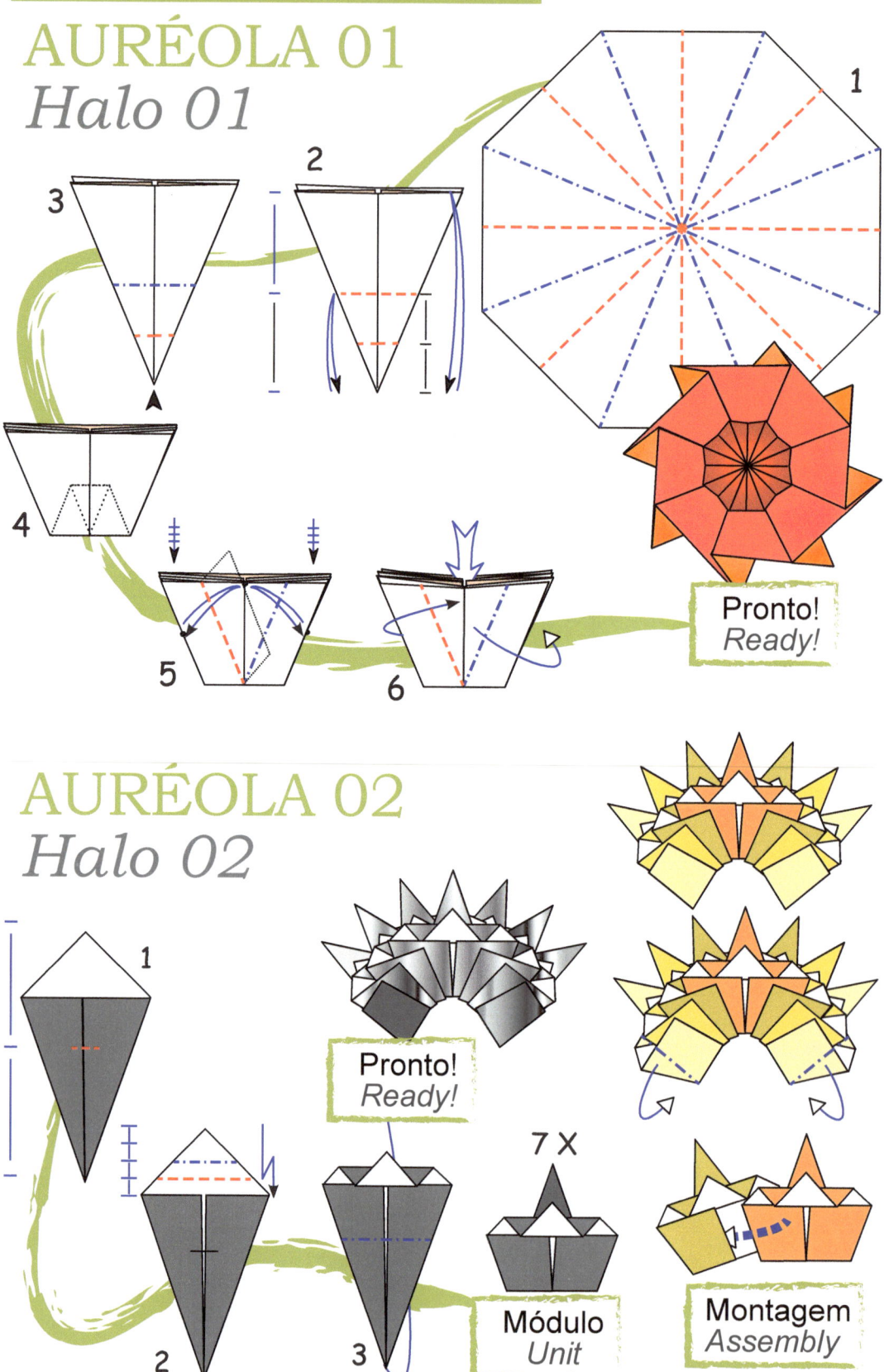

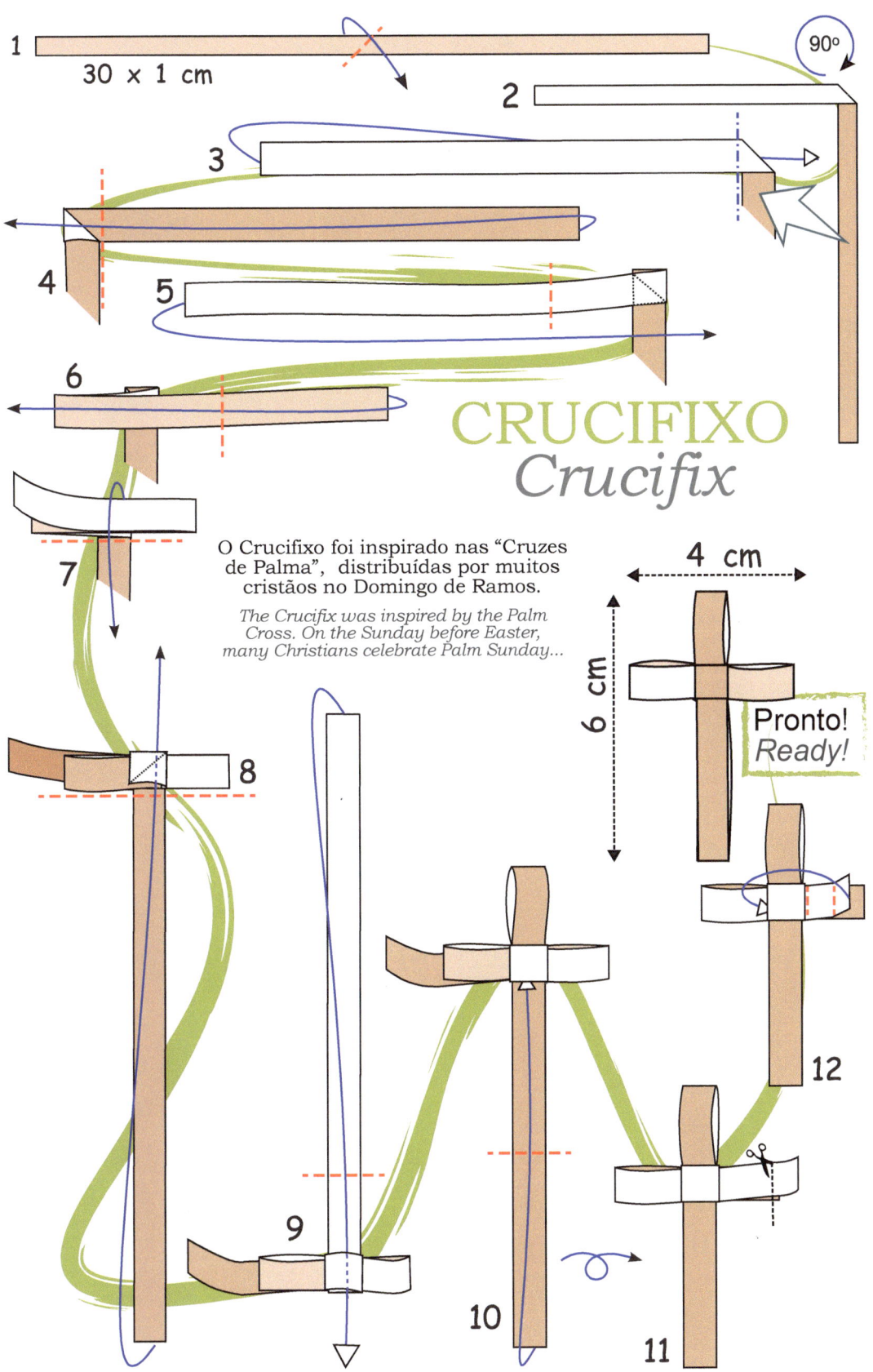

CRUCIFIXO
Crucifix

O Crucifixo foi inspirado nas "Cruzes de Palma", distribuídas por muitos cristãos no Domingo de Ramos.

The Crucifix was inspired by the Palm Cross. On the Sunday before Easter, many Christians celebrate Palm Sunday...

Pronto!
Ready!

CAPÍTULO 3 - *CHAPTER 3*

Uma ROSA, uma CRUZ
Rose on a Cross

Montagem / *Assembly*

Rosa / *Rose* - 5 x 5 cm
Cruz / *Cross* - 30 x 1 cm

Rosa / *Rose* - 10 x 10 cm
Cruz / *Cross* - 60 x 2 cm

Rosa / *Rose* - 7,5 x 7,5 cm
Cruz / *Cross* - 30 x 1,5 cm

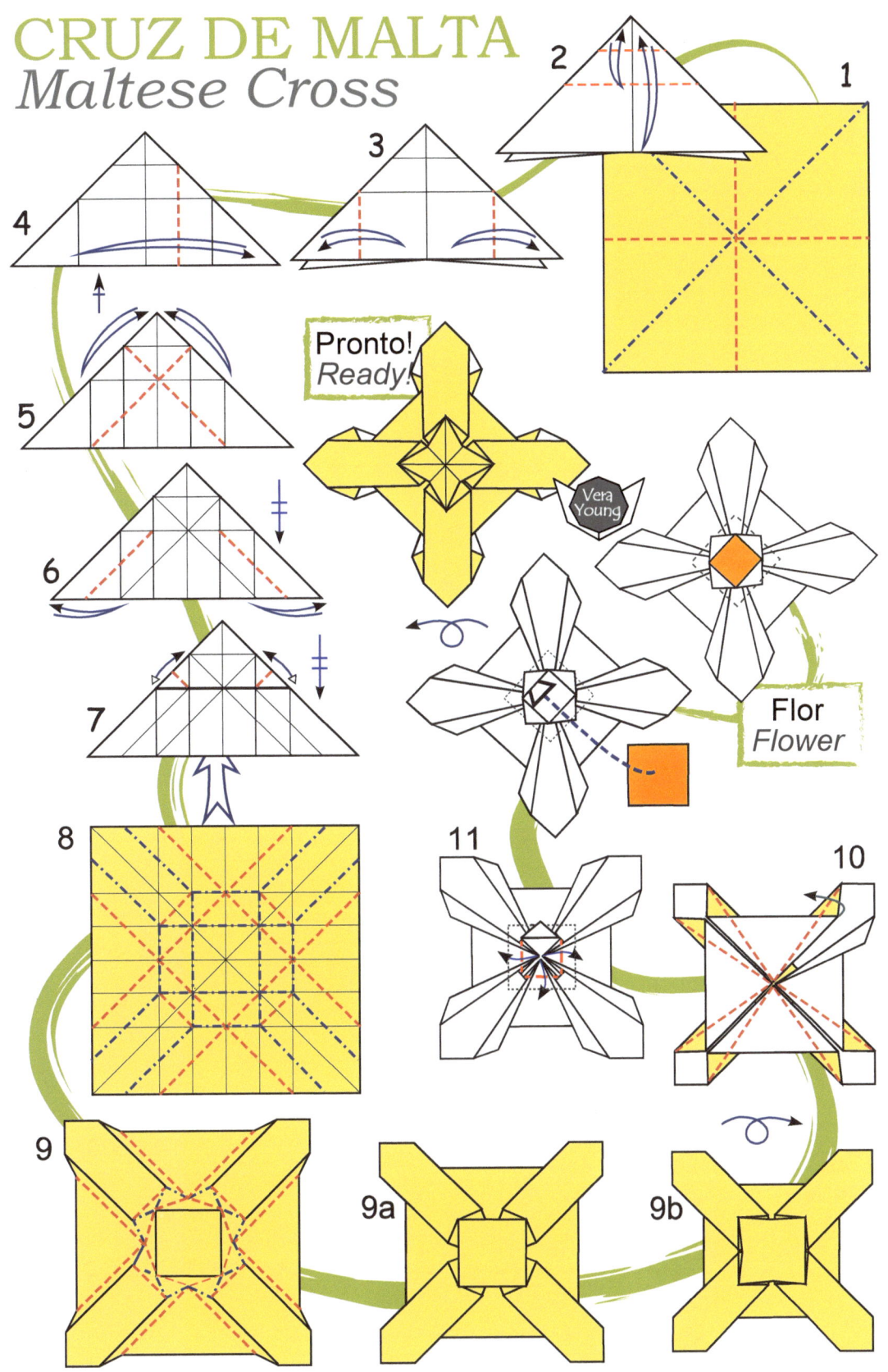

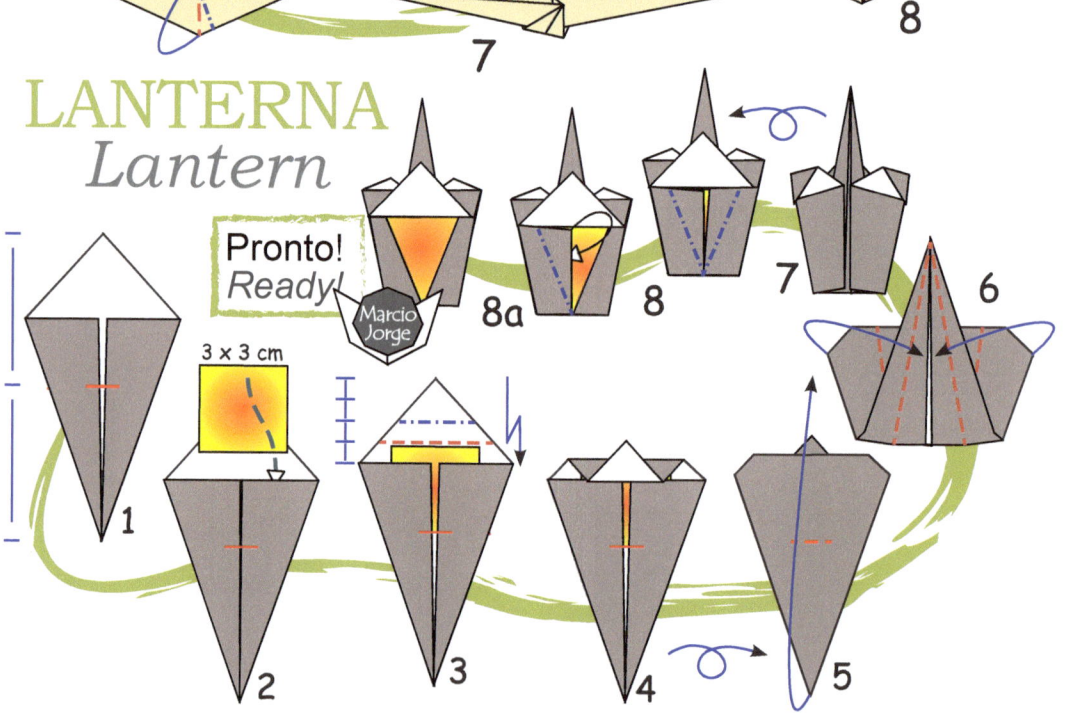

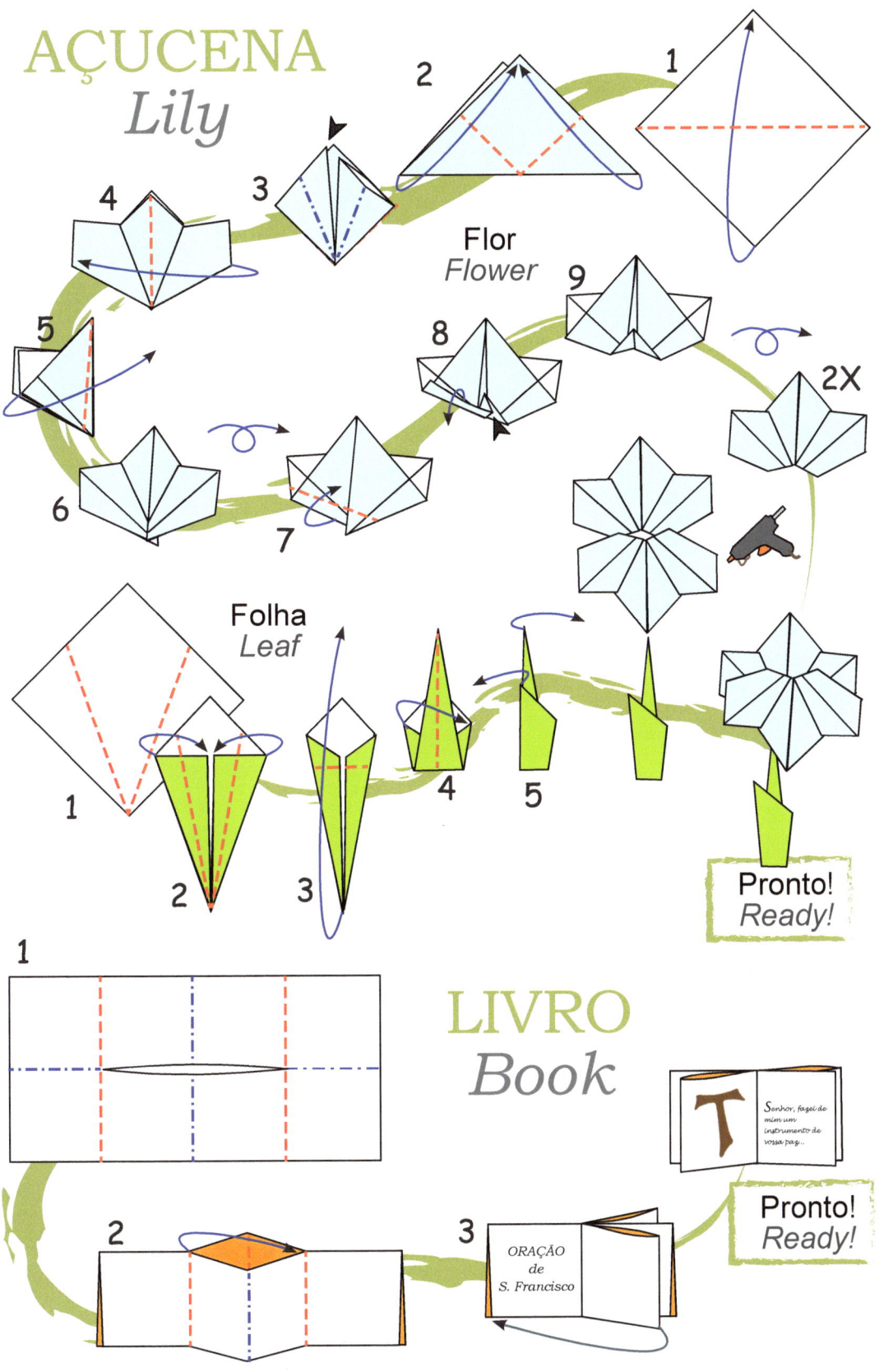

CAPÍTULO 3 - CHAPTER 3
ROSA para Sta Terezinha do Menino Jesus
Rose for St. Therese of Child Jesus

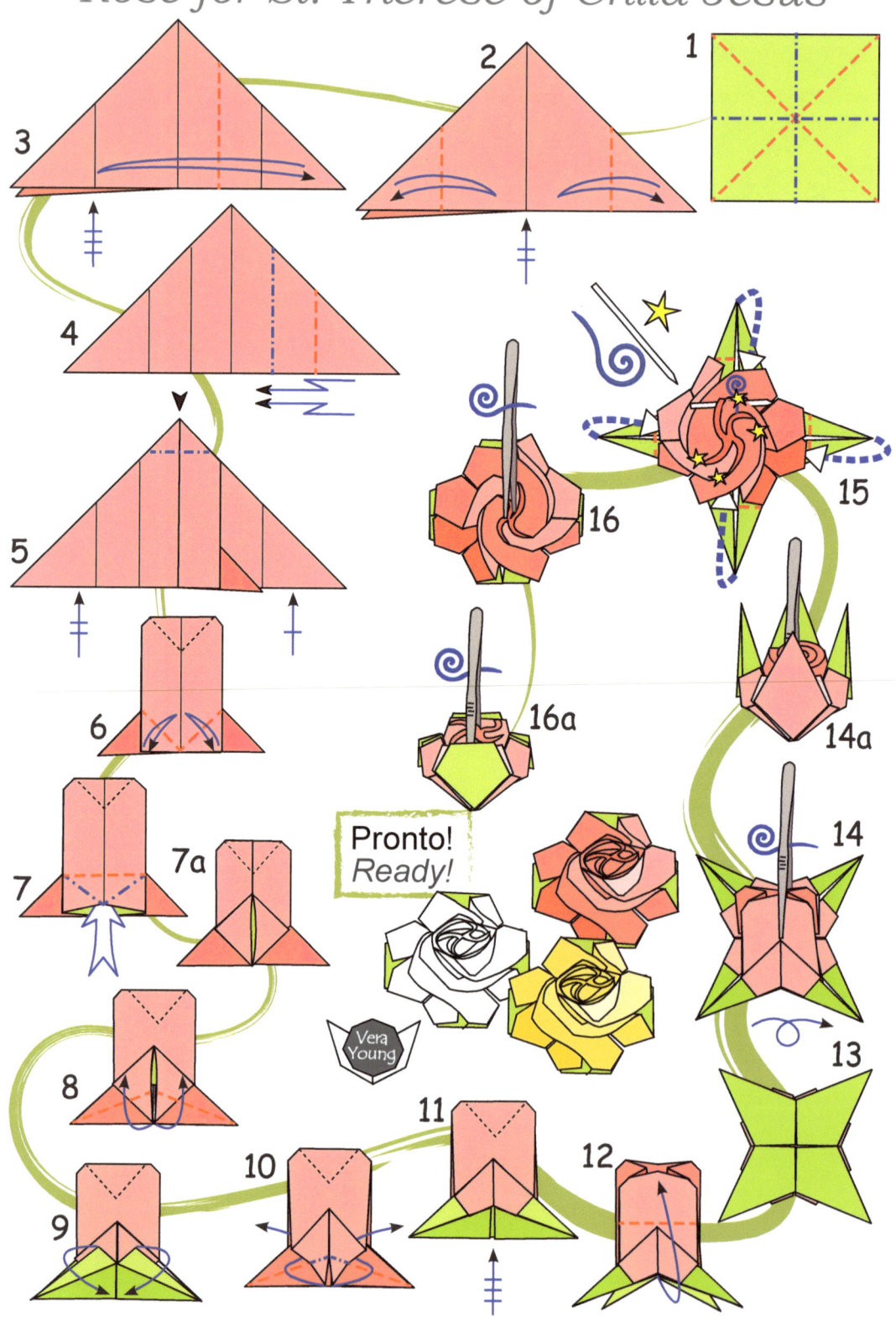

80 SANTO de CASA – dobrando com devoção...

Acessórios - *Accessories*

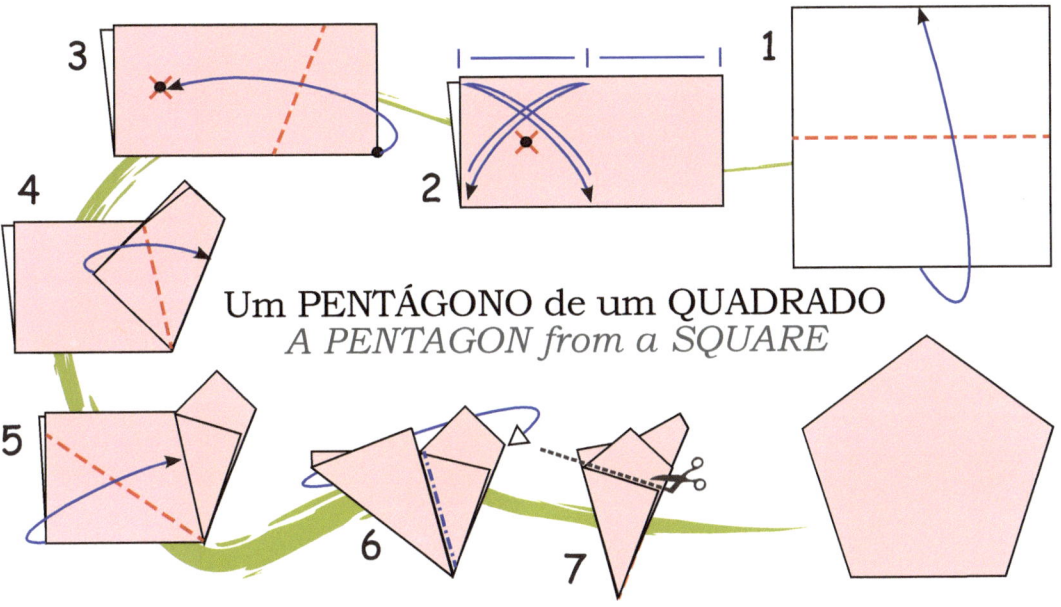

Um PENTÁGONO de um QUADRADO
A PENTAGON from a SQUARE

SAKURA / ONZE-HORAS
do Livro "Origami em Flor", de Flaviane Koti e Vera Young
from the Book "Origami em Flor", by Koti and Young

SAKURA

ONZE-HORAS

Pronto!
Ready!

CAPÍTULO 3 - CHAPTER 3
TSUBAKI ou CAMÉLIA
Tsubaki or Camellia

Pronto!
Ready!

Vera Young

82   SANTO de CASA – dobrando com devoção...

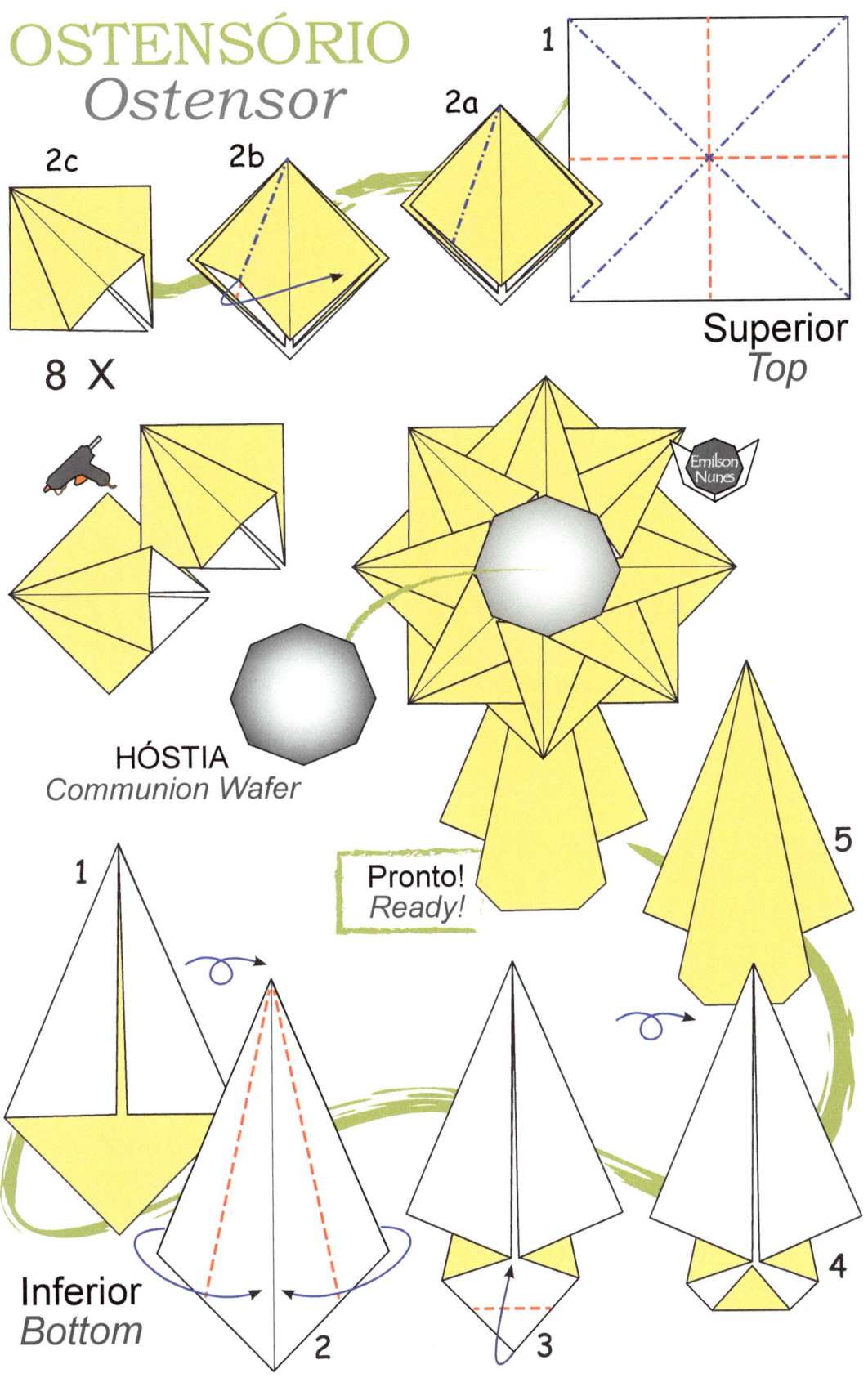

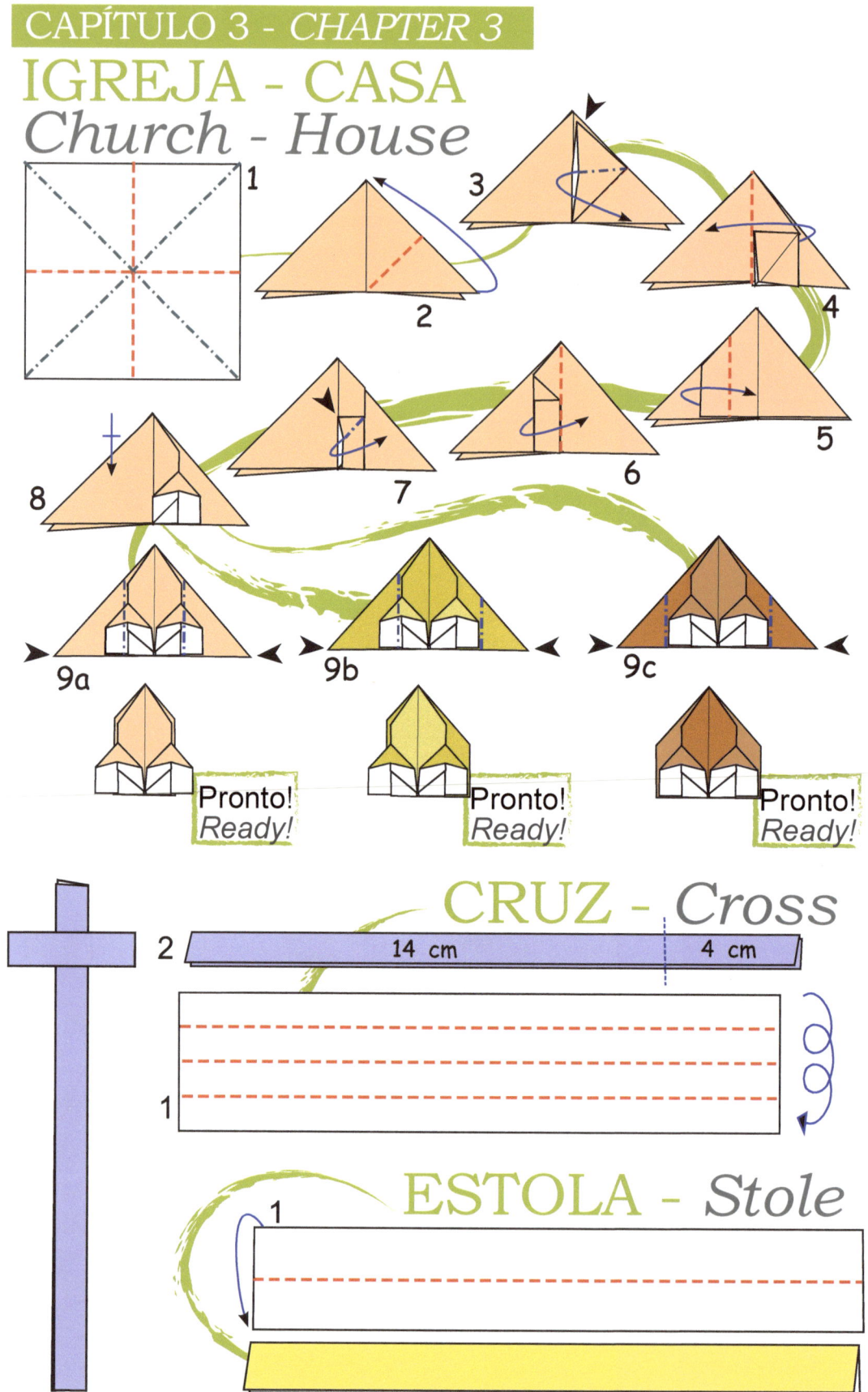

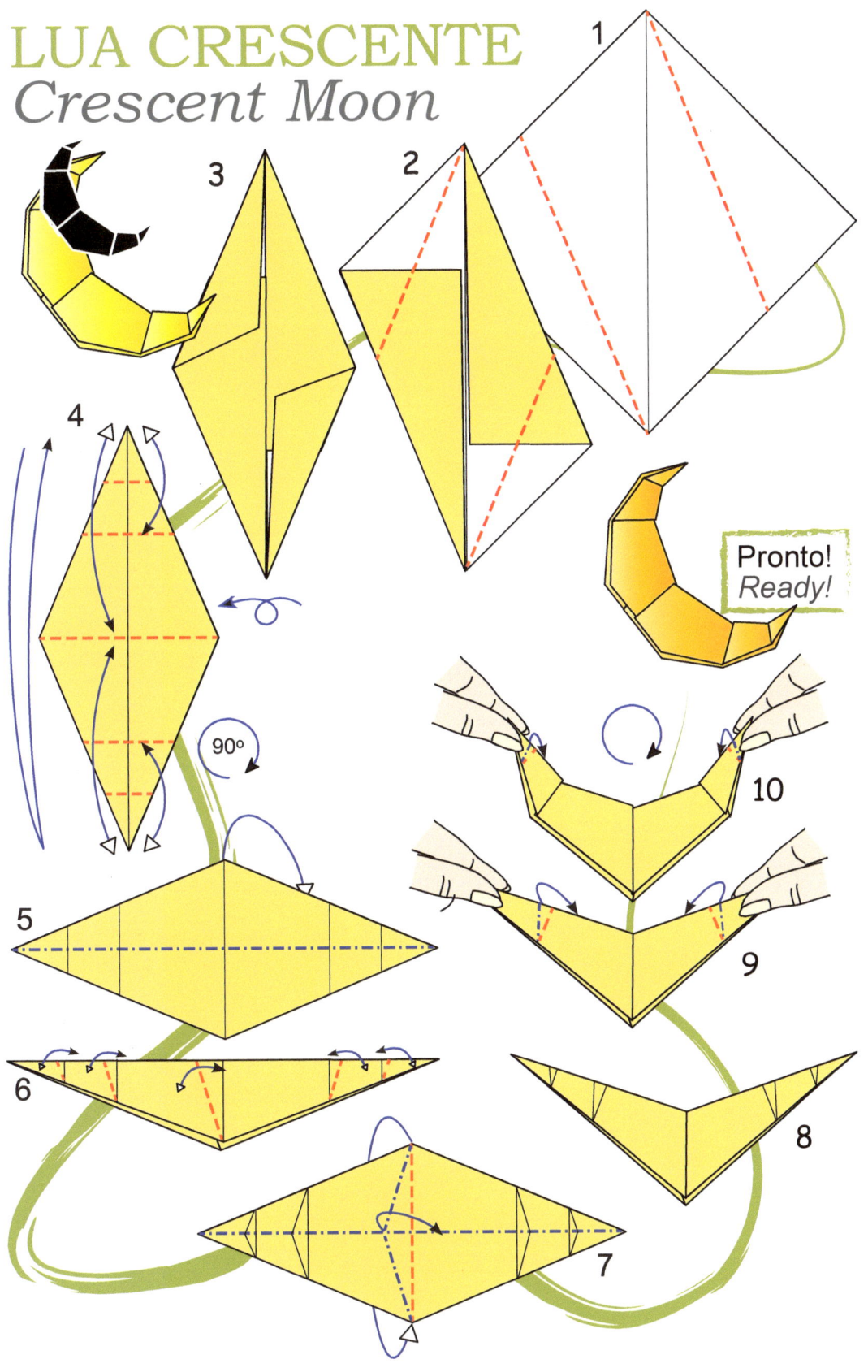

CAPÍTULO 4

OUTROS SANTOS

SANT´ANNA –	pg 88
SAGRADA FAMÍLIA –	pg 90
NOSSA SENHORA de FÁTIMA –	pg 91
FREI GALVÃO –	pg 92
NOSSA SENHORA DESATADORA dos NÓS –	pg 93
.... –	pg 94
.... –	pg 95
.... –	pg 96
.... –	pg 97
.... –	pg 98
SANTOS para COLORIR – Estudo de Cores –	pg 99
SANTOS para COLORIR – Estudo de Cores –	pg 100
SANTOS para COLORIR – Estudo de Cores –	pg 101
SANTOS para COLORIR – Estudo de Cores –	pg 102
SANTOS para COLORIR – Estudo de Cores –	pg 103

CAPÍTULO 4 - CHAPTER 4
SANT'ANNA

Dia 26 de Junho

Sua devoção no Brasil vem dos tempos coloniais...

Bandeirantes e garimpeiros levavam sua imagem como "proteção", numa referência aos valores da família, da ternura e do respeito...

SANT´ANNA, guiai-nos pelos caminhos da bondade e da fé.

Montagem por Flaviane Koti, combinando peças dos Capítulos 2 e 3.

Março / 2014

← 14 cm →
↕ 24,5 cm

* sem as Flores

SANT´ANNA

Peças	(cm)	Pg
Hábito 02	15 x 15	55
Mangas 01	15 x 15	53
Beatilha (peitoral)	15 x 15	56
Beatilha (pescoço)	3,75 x 3,75	56
Beatilha (testa)	3,75 x 7,5	56
Cabeça	7,5 x 7,5	48
Mãos	3,75 x 3,75	52
Auréola	12 x 12	58
Véu	15 x 15	56
Manto de Ombro 01	7,5 x 3,75	64
Pergaminho	2 x 12	----

MARIA MENINA

Peças	Papel (cm)	Pg
Hábito 02	7,5 x 7,5	55
Mangas 01	7,5 x 7,5	53
Cabelo Comprido	10 x 10	51
Cabelo Comprido	5 x 5	51
Pescoço	2,5 x 2,5	60
Cabeça	5 x 5	48
Mãos	2,5 x 2,5	52
Cinto	1 x 5	---
Auréola	7,5 x 7,5	58
Folhas	5 x 5	79
Tsubaki	7,5 x 7,5	82

Outros Santos - *Others Saints*

SANT'ANNA,
Mãe de Maria,
Avó de Jesus

A Igreja de Sant´Anna, aqui em Búzios (RJ / BR), onde moro, é a primeira manifestação cristã da cidade...
Flaviane Koti

SANT´ANNA simboliza os atributos femininos, como a maternidade e a concepção.

Leva sempre a filha pela mão, ou um livro aberto no colo!

É PROTETORA das AVÓS, das RENDEIRAS, da EDUCAÇÃO e dos PROFESSORES!

CAPÍTULO 4 - CHAPTER 4

SAGRADA FAMÍLIA

Montagem por Flaviane Koti e Vera Young, combinando peças dos Capítulos 2 e 3. Março / 2014

MARIA

Peças	(cm)	Pg
Hábito 02	15 x 15	55
Mangas 02	15 x 15	55
Capuz 01 até P. 6	15 x 15	54
Cabeça	7,5 x 7,5	48
Cabelo 04	7,5 x 7,5	49
Pescoço	3,75 x 3,75	60
Mãos	3,75 x 3,75	52
Auréola	12 x 12	58
Véu	15 x 15	56
Manto de Ombro 01 sem parte 02	7,5 x 3,75	64

JOSÉ

Peças	(cm)	Pg
Hábito 01	15 x 15	53
Mangas 04	15 x 15	66
Cabeça	7,5 x 7,5	48
Cabelo 04	7,5 x 7,5	49
Cabelo e Barba 02	7,5 x 7,5	50
Mãos	3,75 x 3,75	52
Auréola	12 x 12	58
Manto de Ombro 02	15 x 15	66
Flor Açucena	3,75 x 3,75	79
Folha Açucena (2)	3,75 x 3,75	79

↔ 24,5 cm
↕ 23,5 cm

MENINO JESUS

Peças	(cm)	Pg
Hábito 02	7,5 x 7,5	55
Mangas 01	7,5 x 7,5	53
Cabeça	5 x 5	48
Pescoço	2,5 x 2,5	60
Cabelo 04	5 x 5	49
Mãos	2,5 x 2,5	52
Auréola	7,5 x 7,5	58
Cinto	5 x 1	- - -
ANJO	3,75 x 3,75	48

Outros Santos - Others Saints

NOSSA SENHORA DE FÁTIMA

MENINAS

Peças	(cm)	Pg
Hábito 02	7,5 x 7,5	55
Mangas 02	7,5 x 7,5	55
Véu	7,5 x 7,5	56
Pés Femininos	3,75 x 3,75	52

MENINO

Peças	(cm)	Pg
Roupa Men. Jesus	7,5 x 7,5	59
Calças (Pierrô) *	7,5 x 7,5	*
* ver site "Coisas de Papel"		
Cabeça	5 x 5	48
Pés Femininos	3,75 x 3,75	52
Barrete = Túnica	7,5 x 7,5	61

Montagem por Marcio Jorge e Vera Young, combinando peças dos Capítulos 2 e 3 - Abril/2014

↔ 21 cm
↕ 37 cm

MARIA

Peças	(cm)	Pg
Túnica	15 x 15	61
Mangas 03	15 x 15	61
Manto = Cabelo Compr. (Inf.)	21 x 21	51
Cabeça	7,5 x 7,5	48
Cabelo 04	7,5 x 7,5	49
Pescoço	3,75 x 3,75	60
Mãos Postas	3,75 x 3,75	52
Auréola 01	15 x 15	74

COMPLEMENTOS

Peças	(cm)	Pg
Carneiro	7,5 x 7,5	70
ARBUSTO:		
Açucena (Folha)	15 x 15	79
Tsubaki	7,5 x 7,5	82

CAPÍTULO 4 - CHAPTER 4

FREI GALVÃO

Patrono da Construção Civil

Dia 25 de Outubro — É o 1º Santo Brasileiro

Procurado por uma homem aflito, cuja mulher, em trabalho de parto, corria risco de perder a vida, escreveu uma oração em três pedacinhos de papel, enrolou-os como pílula e deu-os ao homem para que sua mulher os ingerisse...

A mulher "tomou as pílulas"... e a criança nasceu normalmente!

Outros casos semelhantes aconteceram..

Esta foi a origem das "milagrosos pílulas de papel", quesão muito procuradas pelos seus devotos!

Montagem Marcio Jorge Galvão, combinando peças dos Capítulos 2 e 3. Abril/2014

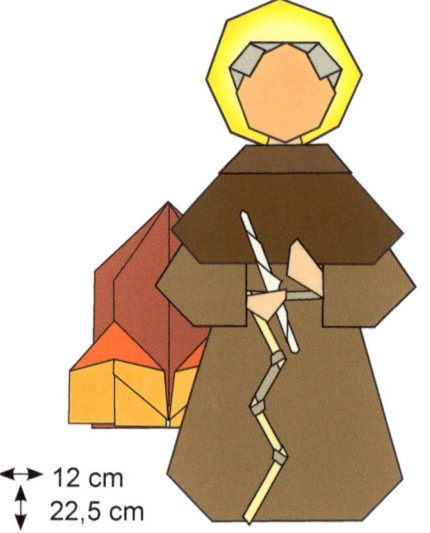

↔ 12 cm
↕ 22,5 cm

FREI GALVÃO		
PEÇAS	(cm)	Pg
Hábito 01	15 x 15	53
Mangas 01	15 x 15	53
Capuz 01	15 x 15	54
Cabeça	7,5 x 7,5	48
Pescoço	3,75 x 3,75	60
Cabelo 01	7,5 x 7,5	49
Mãos	7,5 x 7,5	52
Auréola	12 x 12	58
Cordão da Cintura	15 x 1	53
Bula	7,5 x 7,5	-----
Igreja	21 x 21	84

Outros Santos - Others Saints

NOSSA SENHORA DESATADORA dos NÓS

↔ 22,5 cm
↕ 26,5 cm

Montagem por Irene Bulcão, combinando peças dos Capítulos 2 e 3. Abril/2014

N. Sra DESATADORA dos NÓS

PEÇAS	(cm)	Pg
Hábito-02	15 x 15	55
Mangas 03 (adaptadas)	15 x 15	61
Manto de Ombro-01 (adaptado)	15 x 15	64
Sari (adaptado)	15 x 15	65
Beatilha (Gola) - (adaptada)	12 x 12	56
Cabelo Comprido (Superior)	7,5 x 7,5	51
Cabelo Comprido (Inferior)	15 x 15	51
Cabeça	7,5 x 7,5	48
Pescoço	3,75 x 3,75	60
Mãos	3,75 x 3,75	52
Lua Crescente	12 x 12	85
Pés Femininos	3,75 x 3,75	52
Anjo (Asa)	7,5 x 7,5	48
Anjo (Cabeça)	5 x 5	48
Anjo (Roupa do Menino Jesus)	7,5 x 7,5	59
Serpente	5 x 5	72
Fita (= Cordão de Cintura) usar 3 Tiras	15 x 15	53

CAPÍTULO 4 - *CHAPTER 4*

Cola aqui a foto
do Santo
(ou da Santa, ou
da Cena)
que você dobrou!

*Stick here a photo
of a Saint,
or Scene,
that you have folded!*

Anota aqui as peças que você usou...
Fill in with the pieces you have used...

Peças / Pieces	(cm)	Pg

Outros Santos - *Others Saints*

Cola aqui a foto
do Santo
(ou da Santa, ou
da Cena)
que você dobrou!

*Stick here a photo
of a Saint,
or Scene,
that you have folded!*

Anota aqui as peças que você usou...
Fill in with the pieces you have used...

Peças	(cm)	Pg

CAPÍTULO 4 - *CHAPTER 4*

Cola aqui a foto
do Santo
(ou da Santa, ou
da Cena)
que você dobrou!

*Stick here a photo
of a Saint,
or Scene,
that you have folded!*

Anota aqui as peças que você usou...
Fill in with the pieces you have used...

Peças	(cm)	Pg

Outros Santos - *Others Saints*

Cola aqui a foto
do Santo
(ou da Santa, ou
da Cena)
que você dobrou!

*Stick here a photo
of a Saint,
or Scene,
that you have folded!*

Anota aqui as peças que você usou...
Fill in with the pieces you have used...

Peças	(cm)	Pg

CAPÍTULO 4 - CHAPTER 4

Cola aqui a foto
do Santo
(ou da Santa, ou
da Cena)
que você dobrou!

Stick here a photo
of a Saint,
or Scene,
that you have folded!

Anota aqui as peças que você usou...
Fill in with the pieces you have used...

Peças	(cm)	Pg

Outros Santos - *Others Saints*

"SANTOS para COLORIR"
e escolher as cores de sua dobradura

"SAINTS for COLORING
and choosing the colors of your folding

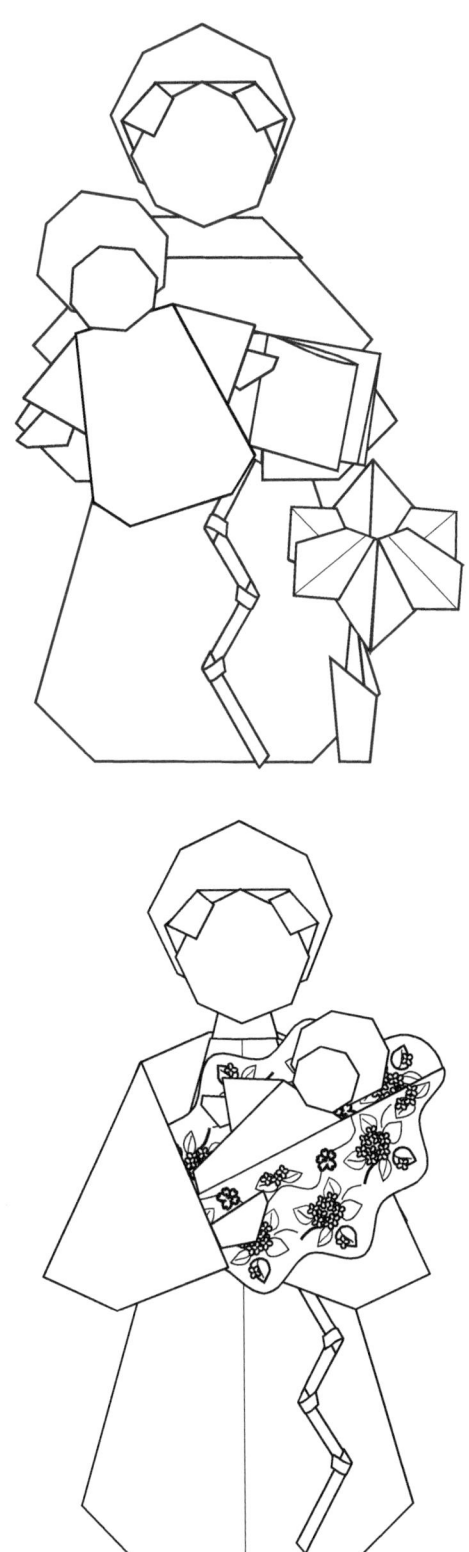
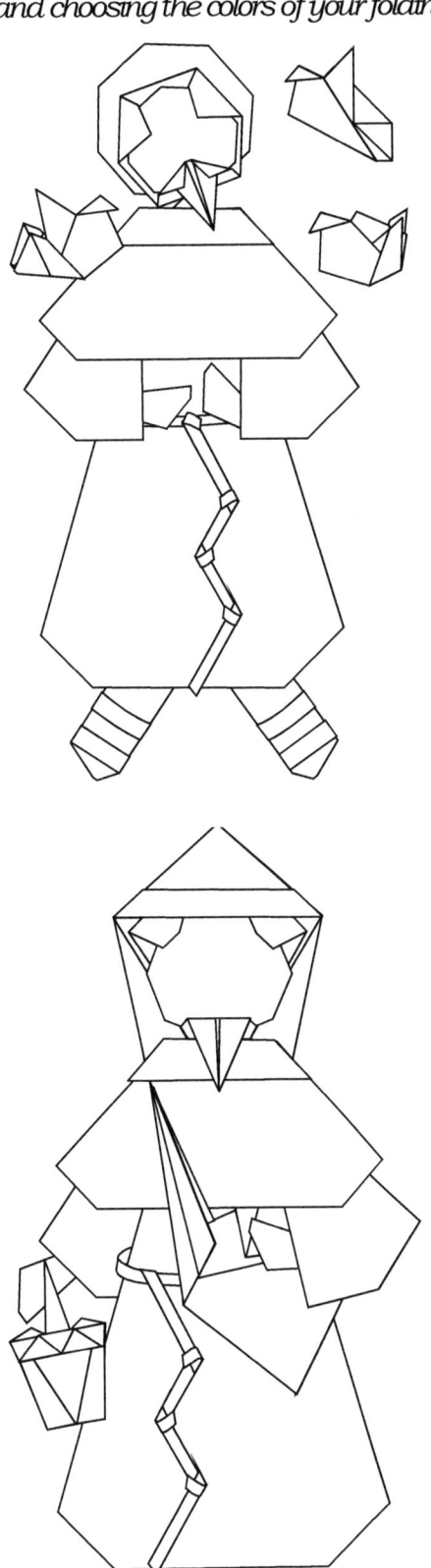

CAPÍTULO 4 - *CHAPTER 4*

"SANTOS para COLORIR"
e escolher as cores de sua dobradura

"*SAINTS for COLORING
and choosing the colors of your folding*"

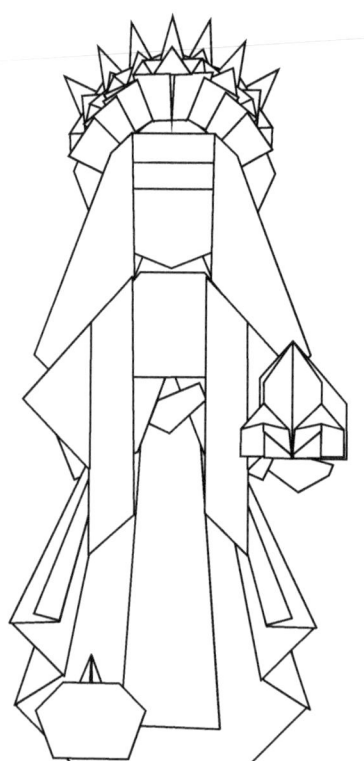
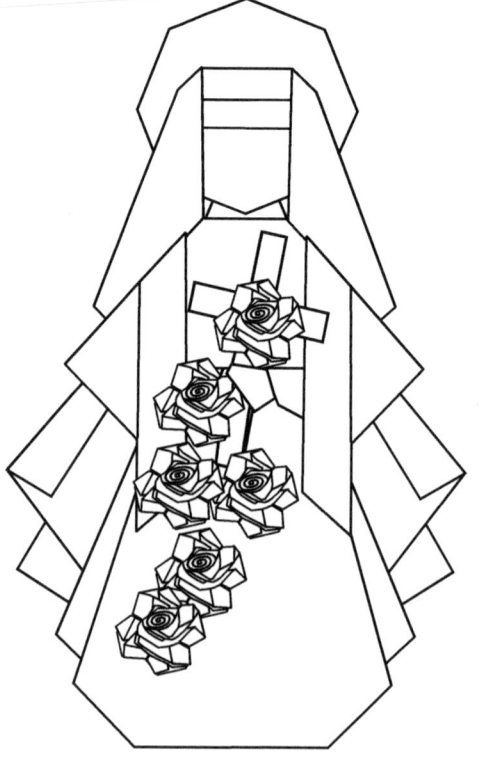

Outros Santos - *Others Saints*

"SANTOS para COLORIR"
e escolher as cores de sua dobradura

*"SAINTS for COLORING
and choosing the colors of your folding*

CAPÍTULO 4 - *CHAPTER 4*

"SANTOS para COLORIR"
e escolher as cores de sua dobradura

"SAINTS for COLORING
and choosing the colors of your folding

Outros Santos - *Others Saints*

"SANTOS para COLORIR"
e escolher as cores de sua dobradura

"*SAINTS for COLORING*
and choosing the colors of your folding"

www.ingramcontent.com/pod-product-compliance
Lightning Source LLC
Chambersburg PA
CBHW040016240426
43664CB00038B/22